시골집 한 채 지었다
그 집에서 뜨개질을 한다

집과 뜨개질

김혜정 지음

for book

집과 뜨개질

서울 가까운 시골에다
어떤 여자가
집을 지었습니다.

그 집에서 여자,

뜨개질을 합니다.

시골집 한 채 지었다 그 집에서 뜨개질을 한다

집과 뜨개질

contents

14 **prologue** 처음 뵙겠습니다!

계세요? 저, 좀 들어갑니다!

뜨개질하기 좋은 집

24 **essay 1** 한옥이 있던 자리에 목조 주택 한 채
32 **essay 2** 엄마 생각나는 집 엄마 생각 잊으려고 시작했던 뜨개질
36 **editing note** 에프북 에디터 김연입니다
40 높은 천장고, 한옥 분위기 살린 현관과 중정
42 오브제 한가득 갤러리 같은 주방 풍경
50 **essay 3** 지지고 볶고, 그렇게 사는 게 좋더라
52 도란도란 마루처럼! 손바닥 거실
60 다락 올라가듯 설레는 마음으로… 나무 계단
62 세월을 함께 한 물건들이 가득한 나의 서재
70 침대 하나, 장롱 하나 골방 같은 침실
76 빈티지 감각을 더한 욕실 거실 앞에 서서

집 구 경 끝! 뜨 개 질 하 러 갑 니 다

집에서 하기 좋은 뜨개질

86　**essay 4**　밥부터 해 먹을까, 뜨개질부터 할까?

blanket & spread

94　**essay 5**　어머어마한 블랭킷과 스프레드, 내가 뜨는 게 아니라 시간이 뜬다
96　별꽃 스프레드 ; 캄캄한 밤 하늘, 별꽃이 피었구나!
100　나비 블랭킷 ; 6가지 색깔의 나비들이 소풍 나왔네!
104　한 가지 모티브 컬러풀 스프레드 ; 전부 한 가지 모티브로 떴다고? 거짓말!
106　빅 사이즈 스프레드 ; 1천 개의 꽃송이로 꽃밭을 만들어 봐
108　무지개 블랭킷 ; 무지개를 기다리며 한 땀 한 땀
110　한 가지 모티브 서로 다른 디자인 ; 초보자라면 과감한 색 배합으로 도전!
112　단추 장식 블랭킷 ; 원하는 그림을 그려 그대로 표현해 보는 재미
116　사각 블록 스프레드 ; 코바늘로 떴을까? 대바늘로 떴을까?

Rug & mat

122　화이트 매트 ; 발에 닿는 감촉이 중요하다면 면실은 어떨까?
123　벽걸이 겸용 러그 ; 걸어도 되고, 깔아도 되고!
124　헥사곤 스타일 러그 ; 뜨개질, 바느질… 헥사곤은 언제나 인기 패턴
126　장미 모티브 원형 러그 ; 700여 개의 꽃송이가 천지, 뜨개에서도 향기가 난다!

contents

small things

- 132 　양말 빗자루 ; 신어도 좋고, 소품 만들어 세워도 그만!
- 136 　컵 커버 ; 손 델까, 손님 컵에 옷 입혀야지!
- 138 　컵 받침 ; 자투리 실의 놀라운 변신, 선물용으로 제격이다!
- 139 　병 커버 ; 데커레이션에 재미 붙으면 뜨는 즐거움이 솔솔~
- 140 　스툴 커버 ; 스툴의 표정이 다양해지는 겨울
- 144 　옷걸이 커버 ; 벽 장식 소품으로 손색 없는 심플 아이템
- 145 　여분용 휴지 걸이 ; 욕실에 한 코 한 코 배려를 담고 싶다면!
- 146 　성탄 장식 갈런드 ; 크리스마스트리에 대롱대롱 뜨개 나무
- 148 　캠핑용 갈런드 ; 실과 재활용 원단으로 만든 내추럴 소품

styling item

- 156 　세 가지 스타일 가방 ; 기분에 따라 색깔별로 하나씩!
- 158 　초 간단 브로치 ; 니트 카디건, 재킷 하나 걸치고 브로치로 마무리!
- 160 　다재다능 목걸이 & 팔찌 ; 평범한 내 입성에 안성맞춤
- 162 　꽃 장식 팔찌 ; 명품 부럽지 않은 핸드메이드 제품!
- 164 　코바늘 뜨개 팔찌 ; 여성스러운 스타일링이 필요한 날 딱!

165	단추 장식 팔찌 ; 하루 열 개도 만들 수 있는 간단 소품
166	퀼트 스타일 목도리 ; 조각을 잇듯 이어 만들기
170	패션 목도리 ; 레이어드해야 예쁘니까 20개는 필요하지 않을까?
174	핑크 니트 리폼 숄 ; 도전! 니트 원단에 모티브를 덧대 만든 숄
176	블루 팔 토시 ; 유행 아이템 하나는 갖춰서 운전할 때 착용
178	블루 & 아이보리 베스트 ; 하나의 디자인 두 가지 연출법
182	목도리 겸용 카디건 ; 1 + 1, 겨울철 꼭 하나 갖고 싶은 필수 아이템
184	베이지 꽃 모니브 숄 ; 숄·블랭킷… 변신이 가능한 만능 아이템

이 만, 가 보 겠 습 니 다 ! 또 놀 러 와 도 되 죠 ?

190	**epilogue** 정말 고마웠습니다!

뜨개질하기 좋은 지금, 핸드메이드 노트

276	**Basic 1** 모티브 뜨기
280	**Basic 2** 코바늘뜨기 기초
284	**Basic 3** 대바늘뜨기 기초

prologue

제 이름은 김혜정입니다. 유명한 사람도 아니고 뜨개 선생도 아닙니다. 저는 집 짓고, 고치고, 그 집을 스타일링해서 단장하는 일을 합니다. 집도 고치지만 더 잘하는 것은 디스플레이입니다. 전문 용어로는 인테리어 스타일리스트라고 하는데 어쩌다 보니 뜨개 선생님들을 다 제치고 뜨개질 책을 내게 됐습니다.

어느 날 헤이리로 찾아온 출판사 에디터는 인테리어 전문가를 앞에 두고 뜨개 책을 내고 싶다고 했습니다. 세상에 없는 전문적인 책을 만들어 보자고 했으면 도망갔을 텐데, 누구든 실과 바늘만 있으면 바로 시작할 수 있는 책이면 좋겠다고 했습니다. 이 말 저 말에 마음이 흔들리고 동해서 덜컥 시작했습니다. 뜨개질이야 봄여름가을겨울 언제나 하는 내 소일거리니까! 더 부지런히 뜨면 되겠지, 하고요.

세상에는 코바늘과 실을 이용해 뜰 수 있는 수백 가지의 모티브가 있습니다. 그걸 제가 다 알 턱이 없지요. 하지만 다양한 기법은 몰라도 다양한 디자인이 가능하다는 것을 혼자 터득했습니다. 물론 뜨개질 한다 하는 사람들은 다 아는 이야기지만요. 실 색상을 자유자재로 바꾸기만 하면 같은 모티브라고 해도 그 느낌이 얼마나 다른지 알고 난 후 뜨개질하는 제 손에 모터를 달았습니다. 어디 내다 팔 것도 아니고, 누구를 가르치는 것도 아니니까 그날 기분에 따라 요리조리 뜨고, 잇고, 뜨고, 잇고…. 머리 쓰고 싶지 않은 날은 주야장천 모티브만 뜨고, 마음이 동하는 날은 팔찌 뜨고, 조끼도 뜨고…. 어떤 날은 코바늘, 어떤 날은 대바늘, 실이 모자라면 손에 잡히는 실 이어 뜨고, 그것도 지루해지면 원단을 잘라 실처럼 이어 뜨기도 했습니다.

직업 덕도 좀 봤습니다. 인테리어 현장에서는 오더를 내린 후 정말 많은 시간을 기다리고 기다려야 합니다. 그러면서 동시에 머릿속으로는 수많은 생각들을 해야 하죠. 이때가 바로 실과 바늘을 손에 쥘 때입니다. 똑같은 모티브를 수십, 수백 개 뜨는 동안 머리를 하얗게 비울 수 있는 것이 바로 뜨개질의 장점입니다.

이 책에 펼쳐놓은 작품들을 보면 눈치 채시겠지만 특별한 규칙이 없습니다. 친절하게 하려고 적당한 바늘 호수를 넣긴 했지만 사실 저는 오직 3/0호 바늘, 그 하나로 뭐든 뜨거든요. 그렇게 떠서 두 명이 덮고도 남을 만큼 큰 블랭킷을 만들기도 했습니다. 그러니 지레 겁먹지 마세요. 똑같은 모티브 여러 개 떠서 그저 잇기만 한 거니까! 오늘 처음 시작하는 분들도 지구력만 있다면 얼마든지 도전할 수 있습니다. 대신 좋아하는 색상의 실을 골라 요리조리 매치해 보는 재미는 꼭 찾아보시기 바라요. 평상시 쓰지 않았던 과감한 색을 넣어보는 것도 잊지 마세요. 의외로 블랭킷은 과감한 색 매치만으로도 근사해지니까요.

한여름 현장에서 실을 얼싸안고 뜨고 뜨고 또 떴더니 거짓말처럼 책이 완성됐네요. '내 맘대로' 저자 만나서 생고생을 해야 했던 일러스트레이터 홍수정 님과 마실 왔다가 잡혀서 모델이 되었던 뜨개질의 고수이자 뜨개질 선생인 아루 샘께 이 자리를 빌려 감사를 전합니다.

처음 뵙겠습니다

어느 가을 김혜정 씀

계세요?

저, 좀 들어갑니다!

뜨개질하기 좋은 집

하늘 보며 살자고, 집 한가운데 마당과 중정을 숨겼다

서재 겸 작업실 창에서 내려다 보면 아담한 중정이 눈에 들어온다. 어릴 적 뛰놀던 흙 마당을 갖고 싶어 중정에 흙을 덮을까 싶었다. 흙 대신 아는 선생님께서 선물로 주신 도기 작품을 군데군데 심었다. 시멘트 바닥에 온기가 돈다고 객들이 더 좋아한다.

볕이 쏟아지는 중정.
여기에 서서 언제나
고개를 높이 들어
하늘을 올려다본다.
눈에 보이는 하늘에
창에 비친 하늘을
즐기는 맛이 그만이다.

한옥이 있던 자리에 목조 주택 한 채

디자인 회사를 다니던 시절, 밤샘 작업이 많아 고단했다. 그 시절을 견딜 수 있었던 것은 해외 출장에서 얻는 에너지가 남달랐기 때문이다. 예쁜 것을 보고 즐기는 것을 좋아했던 나는 낯선 것들을 눈에 차곡차곡 담아 왔다. 시간이 흐르고, 그 낯선 것들이 하나하나 내 것이 됐을 때 이제 혼자 힘으로 할 수 있겠다 싶어 독립을 했던 것 같다. 처음 시작한 일이 의류 매장 디스플레이다. 18년을 인테리어 관련 일을 하면서도 내 집 한번 제대로 꾸며보지 못해 아쉬웠는데, 덜컥 낡디 낡은 한옥이 있던 시골 동네에 목조 주택을 지어야겠다고 결심하고선 지난 시간들이 떠올랐다. 창고에 쌓여 있는 내 소중한 오브제들과 가구들이며 의뢰 받은 공간들을 꾸미며 하지 못했던, 그렇지만 꼭 하고 싶었던 것들이 주마등처럼 스쳐 갔다. 계획을 세우고 도면을 그린 지 두어 달 만에 목조 주택이 완성됐다. 목수님은 여름에 집을 지으며 비가 한 번도 오지 않은 것은 기적이라며 은근히 내 기분을 돋우기도 했다. 2층을 올리고, 계단을 만들고, 천장을 높이고, 대들보를 끼웠다. 한옥 분위기를 내는 데 중정은 필수다. 마당 같은 중정에 좁은 마루도 냈다. 여기에 다양한 소재를 더하고, 제자리를 찾지 못했던 오브제들과 가구들도 배치했다.

새삼 디스플레이를 하면서 감각이 한층 유연해지는 것을 느낀다. 주거 공간에서는 한정적인 일들이 상업 공간에서는 한결 자유롭기 때문이다. 누군가의 허락을 받지 않아도 되는 내 집이니 무엇을 한들 어떠하랴. 여기에 집을 짓는 동안 내내 나를 더욱 분주하게 했던 뜨개 소품들도 한몫 단단히 했다. 내 사고를 더욱 유연하게 해주는 공간과 소품들. 이제 뜨개질하기에 좋은 이 집 온돌방에 앉아 겨우내 실컷 뜨개질을 해야겠다.

그래도 담은 있어야 하지 않을까, 싶어서 집 짓고 남은 나무 조각 이어 박고, 헐벗고 있는 것 맘 쓰여 푸릇푸릇 옷도 입혔다. 경사가 있을 때 축하의 뜻으로 세우는 긴 솟대. 자축의 의미로 두 개 세웠다.

이 아이의 이름은 '별이'다. 옆집 녀석이다. 담도 없고 그래서 경계도 없는 시골집에서는 옆집 개도 친구처럼 지낸다. 한밤에 나와 마주쳐도 이젠 짖지도 않는다. 녀석!

촬영차 방문한 꼬마 모델은 금산리 목조 주택에 궁금한 것이 많은 모양이다. 좁은 시골길을 비 맞으며 뛰어다니더니 우체통에도 참견을 한다.

p194
how to make

옆집 개 '별이'에 이어 옆집 고양이 '가필드'도 모델이 되고 싶은가 보다. 옐로 & 블루 블랭킷 대동하고 나들이 나온 참에 너석이 군침을 흘린다. 두툼한 블랭킷은 돗자리, 무릎덮개, 담요 등등 야외 놀이할 때 쓸모가 많다.

공사 현장에서 시간 날 때마다 틈틈이 모티브들을 이어 만든 블랭킷들. 한참 전에 떠놓았는데, 집 짓느라 창고에 두고 몇 개월 소홀히 했더니 곰팡이 냄새가 난다. 볕에 샤워하는 것이 최고다.

같은 모양 모티브라도 실의 색을 바꾸면 전혀 다른 느낌이 난다. 이게 코바늘 뜨개의 매력이다. 단순한 방법으로 수십 가지의 색감을 표현할 수 있는 뜨개 색 놀이가 재밌다.

나는 뜨개 전문 선생이 아니므로 실도 두서가 없다. 코바늘 뜨기할 때 주로 사용하는 실보다는 맘에 드는 색 위주로 뜬다. 눈에 들어오면 일단 점해 둔다. 베트남이나 인도, 네팔에서 공수해 온 실은 색감이 유난해서 무엇을 떠도 빛이 난다.

막상 뜨고 뜨다 보니 블랭킷이 많아졌다. 초보 수준인 나는 맘에 드는 색상을 고르고 패턴을 정해 큰 고민 없이 모티브를 백 장, 오백 장, 천 장… 같은 방식으로 떠서 잇는 일이 즐겁고 좋다. 그렇다 보니 수납장 가득 어릴 적 할머니 이불장처럼 블랭킷이 한가득이다.

엄마 생각나는 집
엄마 생각 잊으려고 시작했던 뜨개질

중학교 때던가? 실과 시간에 스티치도 배우고, 손뜨개도 배우고, 조각보를 이어 이불도 만들었다. 한 학기가 끝나고 나면 작품 하나씩 내 손에 쥐어졌다. 사실 수놓은 조각을 이어 만든 이불도, 목에 칭칭 감고 다니던 목도리도, 먼지 타지 말라고 이불 덮어두었던 코바늘 블랭킷도 사실은 모두 엄마 작품이었다.

유행이 돌고 돈다고 그 시절 뜨개질은 요즘하고는 비교가 안 될 정도로 붐이었다. 과장 조금 보태서 어느 집 엄마든 조끼나 스웨터 하나쯤은 너끈히 만들 수 있을 정도였다. 그 시절 우리 엄마의 뜨개질 솜씨도 만만치 않았다. 그 솜씨 덕을 제일 많이 본 사람은 물론 나였다. 학교에서 배운 서툰 실력은 엄마 손에서 척척 마무리되어 갔다.

일정하게 움직이던 엄마의 손동작은 어린 내 눈에는 신의 손처럼 느껴졌다. 엄마는 아랫목에 앉아 뜨개질을 하면서 뭐든 할 수 있는 만능 박사였다. 학교에서 있었던 내 이야기를 들으면서도 손놀림이 흐트러지지 않았고, 내게 심부름을 시키면서도, 심지어 한 톤 높은 목소리로 잔소리를 하면서도 손놀림은 달라지지 않았다. 그렇게 두세 시간을 앉아 뜨개질하는 날도 있었고, 아빠가 늦게 들어오시는 날이면 어쩌면 더 늦게까지 꼼짝하지 않고 뜨개질을 했던 것도 같다. 실이 왔다 갔다, 바늘이 들어왔다 나갔다… 몇 번을 하고 나면 모티브 하나가 완성되고, 같은 동작을 여러 번 반복, 반복! 그렇게 며칠이 지나면 이불만큼 커다란 커튼이 완성됐다. 그 오랜 기억이 불현듯 떠오른 것은 네팔 여행에서였다. 네팔에서 곱디고운 색으로 염색한 실을 발견했을 때 나는 어린 시절 엄마, 뜨개질, 실뜨기, 실, 바늘, 실과 시간이 줄줄이 떠올랐다. 그 기억에 끌려 마치 장사하는 사람처럼 실을 여행 가방 한가득 싣고 왔다. 그것이 나의 늦깎이 뜨개질의 시작이다.

그렇게 실을 안고 지고 살다가 마침내 기억을 더듬고 더듬어 엄마한테 배운 뜨개질을 시작했다. 코 잡는 법, 고리 만드는 법, 한길긴뜨기였나 이름도 모르는 방법들이 하나하나 생각났다. 올해 특히 뜨개질에 몰입했던 건 책 때문이기도 했지만 막내딸 남겨두고 먼저 하늘나라로

가신 엄마 생각을 떨칠 수가 없었던 까닭도 있다. 아직도 엄마가 마지막으로 담근 김치가 그대로 있는데, 어떻게 쉽게 잊힐 수 있겠는가. 결국 뜨고, 뜨고, 떠야 잡념이 사라진다. 엄마 생각 안 하려고 시작한 뜨개질에 엄마 생각만 깊어진다.

찬바람이 불면 실과 바늘을 찾는 사람들이 점점 늘어나는데 나는 일 년 내내 뜨개질을 하는 편이다. 올해는 느닷없이 뜨개질 책의 저자가 되면서 많은 시간, 뜨개질을 하면서 보냈다. 게다가 낡은 한옥이 있던 자리에 작은 목조 주택 하나를 짓느라 현장에 앉아 집 지어지긴 기다리며 더 많은 시간, 뜨개질을 하면서 보냈다. 이제 새로 지은 집 거실에 앉아, 주방에 앉아 중정을 바라보며 뜨개질을 할 날이 많아질 테지. 뜨개 작품이 완성된 시기와 집이 지어진 시기가 절묘하게 맞아떨어져 집 구석구석에 뜨개 완성품으로 온기를 넣을 수 있어서 더 좋았던 시간이다.

낡고 손때 묻은 가구들과
빈티지 소품,
실과 뜨개 아이템들은
따뜻한 느낌이
서로 닮아 있어
어디에 두어도
잘 어울린다.

인테리어와 디스플레이 일을 하며 언젠가 필요하겠지 싶어 눈에 드는 소품이나 가구들을 참 많이도 장만했던 것 같다. 창고에 쌓아두면 볼품없는 것들이지만 새집 짓고 소꿉놀이하듯 하나하나 자리 찾아 놓았더니 원래 제자리인 듯 모두 잘 어울려 눈이 즐겁다. 집은 새집인데, 가구와 소품 덕분에 10년 산 집처럼 친근하다.

에프북 에디터 김연입니다

이 아이는 이 집과 아무 관계가 없습니다. 촬영차 왔습니다. 네. 꼬마 모델이지요.
에프북 김연, 그러니까 제 둘째 딸 김봄입니다.

뭐든 만들어야 직성이 풀리는 사람들, 지인들과 맛있는 커피를 마시기 위해 커피를 배우는 사람들. 내다 팔 것도 아니면서 손을 끊임없이 움직이며 창작을 멈추지 않는 사람들…. 이들이 헤이리에 모여 있습니다. 잘 알려진 사람도 있지만, 그렇지 않은 이들이 더 많죠. 저희는 이들을 '고수'라고 부릅니다. 이른바 '무림의 고수들'입니다. 고수들은 무림에 있어야 어울리니까요. 그 청명한 무림, 헤이리에서 딱 1년 전쯤, 김혜정 실장과 첫인사를 나눴습니다.
잠깐 다른 이야기를 좀 할게요. 겨울 무렵이면 서점에 깔려 있는 뜨개 책들을 보면서 늘 배가 아팠습니다. 저 책들 사이에 에프북에서 기획한 녀석도 놓여 있어야 할 텐데… 생각은 했지만 쉽지 않았죠. 고수들은 많지만 이미 나와 있는 책들 위에 비슷한 책 하나 더 얹는 일은 영 마땅치가 않았고, 그렇다고 일본의 니트 책을 번역해 내는 일도 개운하지는 않았으니까요.
그때 그녀를 만났습니다. 네팔에서 10년쯤 살다 돌아온 사람 같은 첫인상을 풍겼습니다. 그 날도 무언가 뜨고 있었나, 기억은 나지 않습니다(그 이후 몇 번의 미팅 중에도 그녀는 제 이야기를 들으며 고개를 주억거렸지만 언제나 손은 바쁘게 뭔가 뜨고 있었던 것이 분명합니다). 처음엔 요리에 관심이 많아서 요리를 배웠다고 했습니다. 요리 선생인가, 했지요.
그러더니 뜨개질도 잘한다고 합니다. 그렇다면 번지수가 맞잖아! 요리, 인테리어, 커피, 도자

엄마 직업의 영향을 받았는지 집 탐이 많았습니다. 계단 집을 오르락내리락하며 샘도 냈다가 와! 탄성을 연발하며 우리도 이런 집으로 이사 가자, 보채기도 했습니다.

기, 그러더니 돌아 돌아서 뜨개질까지! 게다가 그녀의 직업은 인테리어 디자이너라니… 슬슬 갈등이 시작되었습니다.

만나자마자 헤이리 근처에 있는 그녀의 집으로 안내되었습니다. 논길 밭길 지나 좁은 시골길 끝에서 낡은 한옥이 한 채 나타났죠. 그녀의 둥지였습니다. 집을 구경하고, 탐나는 소품들을 훔쳐보고, 뜨개 작품을 둘러보고, 밥을 먹고, 이 책 저 책을 들추다가 무엇에 홀린 듯 그녀와 뜨개 책을 내기로 결정했습니다. 책 출간을 저 혼자 결정하는 것은 말도 안 되는 일인데도 그렇게 하리라 마음먹고 돌아왔습니다.

어쩌면 책을 내는 과정이 지난할 것 같다는 생각을 안 한 것은 아닙니다. 매뉴얼이 있는, 그래서 근사한 본을 만들거나 소유하고 있는 전문 강사라면 수월할 일을 굳이 난코스로 갈 수도 있겠구나, 싶었죠. 애초에 상중하 난이도를 나눠서 책을 구성하는 일도 어렵다는 것을 눈치 챘습니다. 그럼에도 불구하고 도저히 포기할 수 없었던 것은 그녀가 보여준 작품들의 컬러였습니다. 짐작이 안 되는 컬러 매치! 매뉴얼은 없어도 딱 떨어지는 색감에 홀린 것이죠. 게다가 만들기 방법을 먼저 고려하기보다 만들고 싶은 것이 있다면 뭐든 만들자, 하는 사고의 유연함이 좋았습니다.

블랭킷, 가방, 팔찌, 목도리 등등 만들지는 못해도 보는 눈은 있어서 그녀가 완성해 놓은 아이템들이 딱 맘에 들었으니까요.

이쯤에서 독자들에게 고백 하나 해야겠습니다. 이미 짐작하셨겠지만 책에 실린 작품들은 전문가의 작품이 아닙니다. 단지 뜨개질 좋아하고 집을 고치는 한 여자의 작품집입니다. 더구나 이 모든 작품을 3/0호 바늘 하나로 다 떴다고 합니다. 질감과 굵기가 서로 다른 실을 한 가지 바늘로 일정하게 뜨기란 참 어렵다네요. 순전히 저자가 가진 놀라운 감각으로 일정한 패턴이 완성됐다는 겁니다. 그렇다 보니 전문가들이 보면 정석에서 벗어났다고 흉볼지도 모릅니다. 대신 만들기 파트에 또 다른 고수 한 분이 정성으로 일러스트를 완성했으니 보고 따라 뜨기에는 전혀 무리가 없을 겁니다.

여름의 끝 무렵, 아니 가을 초입. 마침, 그녀의 숙원이던 작은 목조 주택이 완성됐습니다. 한옥을 헐고 그 자리에 소담한 나무 집을 올린 거죠. 뜨개 완성품을 집 안 여기저기 풀어놓으며 촬영을 마쳤습니다. 구조며, 디테일 하나하나 주옥같은 집은 뜨개 완성품과 그림처럼 잘 어울렸습니다. 예쁜 것만 보면 정신을 놓는 에프북에서 그 집을 숨겨둘 리 만무하죠.

뜨개질 작품집으로도 손색 없고, 여기에 덤으로 집 구경까지! 기획이 더욱 쫀쫀하게 수정되면서 조금 무리해서 목조 주택을 구석구석 담았습니다. 여자의 손으로 지은 집과 손뜨개 작품이 한데 어우러진 책. 이 책은 그렇게 만들어졌습니다. 책을 보는 내내 여자들이 행복했으면, 그랬으면 좋겠습니다.

그녀는 인테리어 디자이너입니다.
〈K STYLE〉은 그녀의 회사 이름입니다.
집을 짓고, 부수고, 고칩니다.
매장 디스플레이를 하고,
매상을 올려놓습니다.
썩 훌륭한 〈K STYLE〉.
그런데 저희 집 아이가 그만…
스타일이고 뭐고 나는 모른다, 하면서
홀랑 해체해 버리고 말았다지요.

높은 천장고,
한옥 분위기 살린
현관과 중정

거실에서 바라본 현관 전경. 천장고가 높아 현관 중문은 나무 소재를 사용해 높고 큰 미닫이문을 달았다. 생각보다 집이 크지 않으므로 대부분 미닫이문을 달아 공간 활용도를 높였다.

현관으로 들어서면 그 오른쪽에 중정으로 이어지는 통창이 있다. 중정을 중심으로 삼면으로 창이 나 있어 채광이 잘된다. 커튼 대신 핑크 모티브 블랭킷을 걸어서 채도를 조절했다.

p208
how to make

오브제 한가득
갤러리 같은
주방 풍경

2층으로 올라가는 계단 앞에서 바라본 주방 풍경. 손님 접대는 물론 작업 구상 등 가장 많은 시간을 보내는 곳이다.

2층으로 올라가는 계단 앞의 미닫이문으로 현관 중문과 같은 방법으로 디자인했다. 이태원 앤티크 숍에서 찾은 다양한 오브제들을 활용한 곳으로 손잡이 하나까지 세심하게 고르며 가장 많은 공을 들였다.

2층 작업실에서 바라본 층계참. 미리 사이즈를 맞춰 뜬 것도 아닌데, 헥사곤 모양 러그가 층계참에 꼭 맞게 잘 어울린다.

높은 천장고가 빛을 발하는 주방 겸 다이닝룸. 천장에는 나무 대들보를 연결해 자칫 밋밋해 보일 수 있는 공간에 한옥의 멋을 더했다. 조명은 레일을 활용해 펜던트를 걸었는데, 시즌별로 바꿔 달기 편하다.

왼쪽은 아담한 중정으로 이어지는 창이 나 있고, 오른쪽은 싱크대를 배치했다. 주방이긴 하지만 다이닝룸이기도 하고, 작업 공간이 되기도 한다. 가장 많은 시간을 보내는 곳으로 손님들이 오면 따로 안내하지 않아도 거실을 지나 이곳에 자리 잡고 앉는다. 싱크대가 바로 옆에 있어서 접대하기도 편하다.

중정에서 창문을 통해 본 주방 전경. 철재와 알루미늄, 타일, 나무 등 다양한 소재를 사용해 싱크대를 단장했다. 의뢰 받은 장소에서는 맘껏 할 수 없었던 것을 내 집에 다 시도한 셈이다. 전체적으로 내추럴한 분위기의 집인데, 주방에 포인트를 주니 의외로 잘 어울렸다.

수납공간 때문에 처음엔 망설이다가 과감히 들어낸 싱크대 상부장. 그 대신 한쪽 벽면에 ㅁ자 나무 선반을 달아 자주 사용하는 소소한 주방 살림들을 정리했다.

식탁에 앉아 시시각각 변하는 볕을 느끼는 것도 단독 주택에 사는 즐거움이다. 비 오는 소리, 눈 쌓인 모습, 움직이는 구름을 즐기는 것까지!

나무와 타일, 때론 함께 사용하지 않는 소재들이 한데 어울려 의외로 감각적인 분위기를 연출할 때가 있다.

지지고 볶고, 그렇게 사는 게 좋더라

찾아오는 이들에게 밥을 지어 먹이는 건 내가 생각하는 정다운 도리다. 나는 이제껏 그렇게 배웠다. 그러다 보니 되도 않은 솜씨로 밥상 차리는 일이 많아졌다. 끼니 사이에 만나면 차라도 한 잔 제대로 내주어야 마음이 편하다. 더구나 헌 집 헐고 새집 지어 놓고 살면서 손님맞이가 잦아졌다. 마실 오고, 마실 가고, 얻어먹고, 나눠주고… 그러면서 사는 짬짬이 정을 나눈다.

마당 있는 집이 웬 말이냐고, 정말이지 이런 집에 살아보는 게 꿈이라고… 찾아오는 이들은 약속이나 한 듯 똑같은 말을 한다. 하기는 나도 그랬다. 처음 이 집이 완성되었을 때는 입이 잘 다물어지지 않았던 것 같기도 하다. 하지만 한 날, 또 한 날 지나고 지날수록 점차 무디어지고 있다. 집이 다 그렇지, 별거 없지, 아파트면 어떻고 마당이 좀 있으면 어떻고, 마당이 없으면 또 대수이겠나. 집이란 그저 마음 편하게 다독여주는 곳이면 장땡인 것 같다.

일에 끌려다니면서 분주히 살다가 여유가 생기고 정신이 들면 나는 한동안 집에 얹혀 지낸다. 볕 드는 집 안에 멍하니 앉아서 뜨개질을 하는 시간. 그때가 좋다. 돈 벌러 다니는 시간보다 돈 안 되는 뜨개질로 시간을 죽이는 게 더 좋으니 이것도 병이다. 뜨개질하다가 밥 해먹고, 뜨개질하다가 말차 한 잔, 뜨개질하다가 졸거나 그러기도 하면서 참 좋구나, 그런다. 이런 내 고질병 덕분에 뜨개 책까지 내게 되었으니 세상에 공짜는 없는 것 같기도 하다.

촬영을 위해 찾아온 사람들을 위해 시골 밥상 흉내를 좀 냈다. 시골집에 왔으니 시골 밥상까지 받고 돌아가야 제격이지, 하면서! 모두들 좋아했다. 나도 좋았다.

도란도란 마루처럼! 손바닥 거실

자그마한 현관을 지나 들어오면 제일 처음 만나는 공간인 거실. 가로로 긴 창문이 포인트로 집 밖에서 볼 때 가장 큰 창문이기도 하다. 집 안에 중정이 있다고 상상 못하는 사람들은 답답하지 않을까 하고 오해하곤 한다. 의자에, 바닥에 삼삼오오 앉아 저마다 뜨개질 삼매경에 빠지는 공간이기도 하다. 의자에는 목도리 스타일의 등받이 커버를 만들어 덮었다.

p198
how to make

뜨개 인형, 블랭킷, 소품…
유난한 것보다
자연스럽게
어울리는 것이
진짜 살림이다.

감각적인 코바늘 뜨개질의 포인트는 바로 모티브 디자인. 그 다음은 실 선택과 배치가 아닐까 싶다. 같은 모양의 모티브라고 해도 색상에 따라 전혀 다른 느낌을 연출할 수 있기 때문이다.

장사를 할 것도 아니면서 실 욕심은 어찌나 많은지. 맘에 드는 실을 만나면 일단 손에 넣고 만다. 언젠가는 이 실 배합으로 탐나는 물건들이 탄생할 테니 말이다. 거실 바구니 가득 담긴 실이 햇빛 받아 더욱 빛을 발한다.

중정에 서서 올려다보면 시간에 따라 하늘의 표정이 바뀐다. 창문에 비친 구름을 감상하는 일이 하루 일과 중 하나다.

목조 주택에 잘 어울리는 나무 바닥재. 층계는 나무 질감을 그대로 살리고, 층계참은 검은색 철판으로 포인트를 주었다. 계절마다 표정을 달리할 수 있는 공간으로 겨울에는 뜨개 소품 장식이 제격일 것 같다.

다락 올라가듯
설레는 마음으로…
나무 계단

2층 계단 앞 미닫이문과 유리 가벽의 틀, 주방 싱크대 문짝까지 집 안 구석구석 철재 소재를 많이 사용했다. 나무 집이라 차가운 느낌의 철재를 적절히 써서 재미를 더한 것. 제아무리 차가운 녀석들도 뜨개 소품 몇 가지만 보태면 꼼짝 못한다.

세월을 함께 한 물건들이 가득한 나의 서재

2층 서재는 내 작은 보물 창고다. 내가 좋아하는 소품들, 내게 어울리는 것들이 많은 공간이라서 이곳에서 시간을 보낼 때 가장 행복하다.

블랭킷은 사이즈에 따라 여기저기 활용도가 높은 아이템이다. 무릎 덮개, 커튼, 돗자리, 이불 등 어디에 써도 유용해서 뜰 때는 오래 걸려도 완성한 후 그 뿌듯함이 이루 말할 수 없다. 그린 & 옐로 블랭킷을 서재 책장 앞에 걸었더니 벽 장식 소품 혹은 가리개로도 손색이 없다.

p218
how to make

2층에 마련한 베란다는 숨겨진 휴식 공간이다. 간이 침대 하나 두었더니 오는 손님마다 캠핑 온 것처럼 책 하나 빼들고 이곳으로 슬쩍 나간다.

누웠다가 앉았다가 모포 한 장과 따뜻한 차 한 잔이면 야외 카페가 부럽지 않다. 2층 다락방에 또 하나의 다락이 숨어 있는 셈이다.

노르딕 스타일의 타일 바닥이 은근히 빈티지한 느낌을 선사한다. 붉은 계통의 색실에 다양한 색실을 섞어 완성한 뱅글뱅글 원형 러그가 제자리를 찾았다.

p200
how to make

모서리에 낸 창문이 예쁜 아늑한 침실. 베드 스프레드로 멋을 더했다. 쓰다 남은 자투리 실들을 한데 모았더니 컬러감이 살아난다. 대형 소품을 만들 때는 많이 고민하기보다 그날그날 맘에 드는 실을 골라 부담 없이 한 장 한 장 뜨다 보면 어느새 완성된다.

어릴 적 쓰던 일명 깍두기공책을 펴놓고 보니 뜨개 모티브가 생각난다.

모티브 뜨기는 지구력이다. 숙제처럼 생각하지 말고 즐기며 하다 보면 작품이 된다.

집 안을 꾸밀 때는 새것에 집착하기보다 좋아하는 것들, 추억이 담긴 것들을 활용하면 금세 정이 들고, 보기에도 좋다.

딱 잠들기 좋은 만큼의 달빛이 들어올 수 있도록 침실에 작게 낸 창문. 모서리를 활용하니 안팎 어디에서 봐도 디자인 감각이 살아난다.

욕실을 꾸미면서 그림을 그리는 느낌이 들었다. 그동안 어디에 쓸지도 모르는 것들을 왜 이렇게 쟁여두었던지 욕실을 꾸미면서 그 답을 찾았다. 욕실에 들어서는 손님들이 잠시 멈칫거리는 모양새를 보고 있는 것이 재밌다. 구경하느라 바빠서다.

빈티지
감각을 더한
욕실 거울
그 앞에 서서

공작 놀이를 하듯 갖은 오브제를 잇고 연결해 만든 두루마리 휴지 걸이. 여분의 휴지를 두기도 디퓨저를 두기도 안성맞춤.

벽에 낡은 가죽 가방을 달아달라고 했을 때 어이없어 하던 현장 실장님 얼굴이 떠오른다. 뚜껑을 열면 수납장으로 변신한다.

거울 끝에 작은 불 하나 밝혔다. 저게 장식이라고 생각하면 오산이다. 플러그에 꽂으면 반짝, 불이 들어온다.

철재 세면대는 지인의 노력 덕분으로 독일에서 날아온 아이다. 세면대 크기에 딱 맞는 다리도 만들어 연결하고, 수전도 장착해 이제야 제자리를 찾았다. 속이 깊어 물 튈 염려 없는 것도 딱 맘에 든다.

한여름 참 애쓰고 지냈다. 집 짓느라, 뜨개질하느라. 이제 손발 깨끗이 씻고 누워 발 뻗고 자도 되지 않을까? 돌아보니 내 집 짓고, 조물조물 뜨개질하던 일이 한데 어울려 뿌듯하기만 하다. 그런데 집 짓는 일보다 뜨개질로 블랭킷 만드는 일이 더 오래 걸리는 것 같다.

집 구경 끝!

뜨게질하러 갑니다

집에서 하기 좋은

뜨개질

밥부터 해 먹을까, 뜨개질부터 할까?

서울에서 한 시간 거리에 있는 지방인데도 촌집은 촌집인가 보다. 날이 일찍 저물어 밤이 참, 길기만 하다. 책에 들어갈 소품도 얼추 마무리가 됐고, 오늘 밤에는 뭘 뜨나, 하고 앉아 있다가 장난기가 발동했다. 언젠가 한 외서에서 본 이미지가 떠올랐는데, 차 한 잔 하고 싶다는 생각이 들었나? 갑자기 코바늘과 대바늘을 꺼내 왔다 갔다 하면서 몇 가지 소품을 떴다. 그 녀석들을 조리 도구에 끼우고, 실은 돌돌 말아 물 대신 티포트에 넣었다. 낡은 도마를 꺼내 실과 모티브, 도구들을 세팅하면서 한밤에 널뛰는구나, 하며 혼자 놀았다. 잠시, 촬영하러 온 김연 에디터가 이걸 보고, 나처럼 기뻐할 것도 같다 생각했다.

뜨개질하고 싶어서 이 책을 구입한 독자에게 말을 걸고 싶었다. 목도리를 세트로 떠서 남자친구와 하나씩 두르고 싶었을 수도 있을 거고, 요즘 내 주변 여자들처럼 블랭킷에 반해서 코바늘뜨기를 시작했을 수도 있지 않을까. 그렇다면 나처럼 놀 듯이 편하게 시작해 보길 권한다.

이 책에는 간간이 대바늘뜨기 소품도 있지만 거의 코바늘뜨기 작품들이다. 여기에 실린 코바늘뜨기는 같은 모티브를 여러 개 떠서 이어 만든 것이 대부분이라 맘에 드는 모티브 한 가지만 뜰 수 있다면 이불만 한 크기의 블랭킷도 완성할 수 있다. 나는 어릴 적 엄마한테 배운 기억을 더듬고, 인터넷도 뒤지고, 외서도 뒤적거리며 혼자 뜨개질을 배웠다. 이 책에 수록된 작품을 이런 초보가 다 완성했다고 하면 독자들은 살짝 용기가 생길 것도 같다. 어떤 실로 하지, 코바늘은 몇 호가 적당하지? 모티브를 몇 개나 떠야 할까? 고민하지 않아도 좋다. 맘에 드는 색실 고르고, 쉽게 구할 수 있는 바늘 하나만 있다면 일단 시작. 책을 펴고 맘에 드는 모티브를 하나 고른 다음 더듬더듬 모티브 1개 완성! 그 다음 완성품을 향한 인내와 지구력만 있다면 누구나 꼭 하나 갖고 싶었던 블랭킷 정도는 손에 넣을 수 있다. 장담한다.

모티브로 시작한 하루하루 뜨개질 숙제장

Knitting Showcase

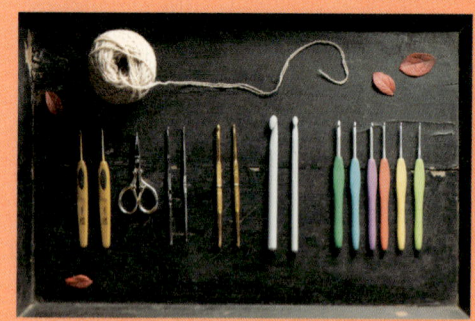

어마어마한 크기의 블랭킷과 스프레드,
내가 뜨는 게 아니라 시간이 뜬다

손수 만드는 건 그게 무엇이든 선물 받는 사람을 감동시키게 마련이다. 그중에 성공률 높은 것은 단연 김치나 장아찌 같은 음식 선물이고, 그 다음은 직접 만든 바느질 소품이나 뜨개질 소품이다. 한 땀 한 땀 뜨고 엮어야 빛을 발하는 것들이라 만드는 사람도, 받는 사람도 그 수고를 잘 알고 있는 까닭이다. 뜨개질 소품 중에서도 눈에서 하트가 나오도록 상대방을 감동시키는 것은 입 딱 벌어지도록 큰 스프레드다. 언젠가 화이트 퀼트 스프레드를 완성한 선생님 한 분이 아무래도 이건 딸에게도 주지 못할 것 같다며 죽을 때 관에 넣고 가야겠다고 말했던 기억이 난다. 직접 공들여 만든 소품들이 주는 특별한 의미는 그런 것이다. 그런데 그것을 선물 받는다면 더 이상 어떤 설명이 필요할까.
내게 뜨개 소품은 갖고 싶어서 만든 것이라기보다 좋아서 뜬 것들이 대부분이라 비교적 선물용으로 내놓는 데 큰 집착이 없는 편이다. 게다가 블랭킷은 활용도가 높고, 실 색에 따라 다양한 디자인이 가능하고, 무엇보다 백 장, 오백 장, 천 장… 그 정성이 한눈에 보여 선물하기에 이만한 것이 없다. 그렇다 보니 크고 작고, 모양과 컬러가 다양한 블랭킷을 참 많이 뜨기도 했다. 내 블랭킷은 전문가의 기교도 규칙도 없지만 자유로운 색감 때문에 많은 사람들이 좋아라, 하는 것 같다. 정량을 지켜야 제맛이 나는 매뉴얼이 필요한 것도 아니니 뜨개질할 때는 유연한 사고가 큰 도움이 되는 듯싶다. 그 유연함을 공유했으면 좋겠다. 마음 가는 대로 서로 다른 색을 매치하고, 크게도 작게도 떠서 완성하면 그것이 바로 내 첫 작품이 되는 것이다. 실력을 갈고 닦아 갖고 싶어서, 좋아서 뜨다가 개수 많아지면 가까운 지인들에게 선물하고, 이 집 저 집 뜨개 소품 특유의 따뜻한 온기 불어넣으면 좋지 않을까?

별꽃 스프레드 ; 캄캄한 밤하늘, 별꽃이 피었구나!

패턴 보여주려고 돌돌 감아두었더니 꼬마 모델이 그걸 들고 계단을 수십 번 오르락내리락한다. 무거울 텐데…. 검은색 실을 베이스로 가지고 있던 다양한 자투리 실을 활용해 만든 베드 스프레드. 별 모양은 같은 방법으로 뜨되 색실만 바꿔 떠도 다르게 표현할 수 있고, 실 배합은 규칙을 정하기보다 그날그날 기분에 따라 골라 뜬다. 624장 모티브를 정사각형 모양으로 이어 만들어 침실에서 사용하거나 3인용 소파에 덮어두기에도 적당하다.

나비 블랭킷 ; 6가지 색깔의 나비들이 소풍 나왔네
소파나 암체어 등받이에 걸어두기만 해도 장식 효과를 주는 여섯 가지 색감의 블랭킷. 무릎 덮개로 사용해도 무난하지만 아무래도 듬성듬성 바람이 숭숭 들어올 수 있으니 멋 부릴 때 활용하는 것이 더 좋겠다. 차분한 컬러감을 좋아한다면 그레이, 블랙, 다크 블루 컬러를 섞어서 모티브를 떠도 잘 어울린다.

빈티지 소품과 가구를 좋아해 깊은 자주색 계열의 실을 베이스로 클래식한 감각의 스프레드 하나 완성했다. 스프레드는 활용도가 높아서 침대, 소파, 무릎 덮개로 사용하거나 캠핑 때나 나들이 갈 때 아웃도어 소품으로 제격이다. 감각적인 라이프스타일은 한 가지 소품으로도 충분히 연출할 수 있다.

p206 how to make

**한 가지 모티브 컬러풀 스프레드 ;
전부 한 가지 모티브로 떴다고? 거짓말!**

책 작업을 하다 보니 같은 모티브로 색을 달리하고, 단수를 바꿔가며 참 많이도 떴다 싶었다. 펼쳐 놓고 보면 각기 다른 패턴의 모티브를 이은 것 같은 착각이 들지만 3가지 스프레드 모두 뜨는 방법이 같은 모티브를 활용했다. 포인트는 단수를 조절하면서 실 색으로 변화를 주는 것. 여러 색상의 실을 활용할 경우, 두세 가지 색상의 실을 일정하게 사용하는 등 패턴에 따라 실을 바꿔 뜨면 전혀 다른 느낌이 난다.

창문에 걸어 햇빛 가리개로 써도 좋을 만큼 커다란 스프레드. 분홍색과 회색 계열 실을 일정하게 사용해 168개의 5단 모티브를 떠서 이었다. 모티브를 이은 후 가장자리에 테두리를 두르면 완성도가 높아진다.

모티브 수를 줄이되 크게 만들고 싶다면 단수를 늘리는 것이 방법이다. 7단과 8단 모티브 120개를 이어 만든 스프레드는 퀸 사이즈 침대를 덮기에 충분하다. 한겨울 침실에 없어서는 안 될 완소 아이템.

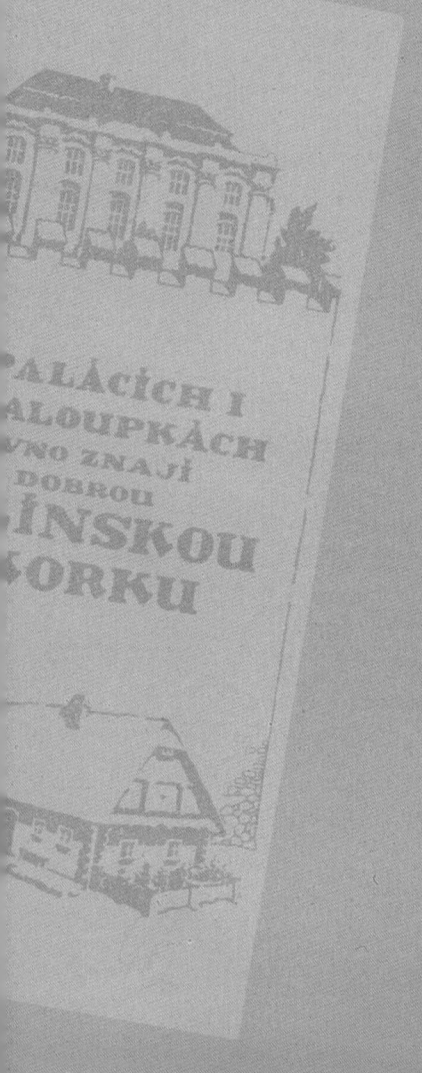

무지개 블랭킷 ; 무지개를 기다리며 한 땀 한 땀!
이 작품은 처음부터 끝까지 사슬뜨기 하나만으로 완성한 블랭킷이다. 모티브 뜨기에 싫증났을 때 도전해 보면 좋은 아이템이기도 하다. 크게 떠서 블랭킷으로 활용해도 좋고, 얇고 길게 떠 무지개 빛깔 목도리 만들어 둘러도 멋스럽다. 캠핑 가서 어깨에 두르고 있으면 단연 그 감각이 돋보이지 않을까?

p214
how to make

p216
how to make

검은색 실이 너넉한데다 자투리 실이 많이 남아서 시작한 블랭킷. 그런데 그 무규칙 속에서 일러스트레이터 선생님은 규칙을 찾아냈다. 역시 모티브 방법은 한 가지, 색 배합이 포인트다. 대여섯 가지 색상의 실을 정한 뒤 이 조합으로 연결하면 근사한 꽃 패턴이 완성된다.

**한 가지 모티브 서로 다른 디자인 ;
초보자라면 과감한 색 배합으로 도전!**

30분 정도면 누구든 터득할 수 있는 모티브를 이용해 블랭킷 하나 만들 수 있다면 도전해 볼 만하지 않을까? 물론 원하는 크기를 만들려면 수없이 같은 작업을 반복해야 하는 일이 관건이긴 하지만. 몇 가지 실을 섞어 요리조리 모티브를 만들다 보면 서로 다른 느낌에서 어느 정도 감이 생긴다. 그때 나만의 조합을 만들어 작품 하나를 완성했을 때의 그 기쁨이란!

서재, 거실, 다이닝 룸 집 안 구석구석 차곡차곡 접어 장식품처럼 두었다가 무릎에도 덮고, 어깨에도 두르고 급할 때는 벽 장식 소품으로도 사용하고! 일단 만들어두면 참 쓸모가 많은 블랭킷.

p220
how to make

단추 장식 블랭킷 ; 원하는 그림을 그려 그대로 표현해 보는 재미!

고민 없이 여러 개의 모티브를 무작정 뜨고 난 후 잇는 방법을 고수하는 편이다. 하지만 때론 꼭 표현해 보고 싶은 디자인도 생기게 마련. 재밌는 패턴이 없을까, 고민하다가 지어낸 디자인으로 가운데 바둑판 모양을 중심으로 실 색을 바꿔가며 가장자리를 둘렀다. 약간 아쉬운 감이 있어 여기저기 단추를 달았더니 지인들이 너도 나도 탐을 내니 기분이 절로 좋아진다. 단추 장식이 보이도록 반 접어서 스카프처럼 어깨에 둘러도 멋스럽다.

사각 블록 스프레드 ; 코바늘로 떴을까, 대바늘로 떴을까?

김연 에디터가 제일 탐내던 스프레드다. 얼핏 코바늘뜨기처럼 보이는 것은 조각조각 이어진 느낌 때문이지만 대바늘로 떴다. 이거야말로 겉뜨기 1단, 안뜨기 1단을 반복해서 뜨는 메리야스뜨기만으로 완성할 수 있다. 238장이라는 방대한 양이 좀 문제지만 뜨는 방법이 매우 간단하므로 초보자에게도 권해 본다. 처음에는 러그만 한 크기로 시작해 점차 늘려간다.

rug

p224
how to make

화이트 매트 ; 발에 닿는 감촉이 중요하다면 면실은 어떨까?

여행 갔다가 공수해 온 두툼한 면실을 쟁여두고 어디에 쓸까, 했더니 맞춤 용도가 따로 있었다. 눈먼 빈티지 숍 주인이 내게 덜컥 2만원에 넘긴 컬러풀 대바늘 세트 펼쳐 적당한 녀석 골라 겉뜨기를 반복했다(가터뜨기). 역시 두툼한 실은 확실히 손이 덜 간다. 두어 시간 떴더니 새집 개수대 앞에 두고 쓰면 좋은 매트가 완성됐다. 흰색이 좀 밋밋할까 싶어 늘어난 연보라색 면 티셔츠 찢고 엮어 실처럼 사용했더니 포인트 구실을 한다.

p226
how to make

벽걸이 겸용 러그 ; 걸어도 되고, 깔아도 되고!

조각조각 모티브를 이어 만드는 소품에 비해 처음부터 통으로 단을 늘려가며 만드는 큰 소품은 울지 않게 모양새를 갖추기가 쉽지 않다. 뜨개질은 온전히 사람 손을 빌려 감으로 하는 일이라 뜨개 정도가 일정하지 않게 마련. 운다 싶을 때는 느슨하게 뜨고, 느슨하다 싶을 때는 조여 떠야 해서 신경 쓰이지만 긴장감을 갖게 하니 그런대로 맛이 있다.

Z PRAŽKY káva
— zdraví dává.

**헥사곤 스타일 러그 ; 뜨개질·바느질…
헥사곤은 언제나 인기 패턴!**

여기저기서 한두 개 사 모은 실로 큰 작품을 완성하기란 언제나 역부족이었다. 내가 만든 소품들이 저마다 컬러풀한 것은 그 때문이다. 손뜨개로 헥사곤 모양을 만들면 재밌을 것 같아서 여러 개 만들어 육각형으로 이어 붙였는데, 거짓말처럼 새집 계단 층계참에 맞춘 듯이 꼭 맞다. 바닥이 혹 차가울까 싶어 깔았는데, 서둘러 올라가다 보면 미끄러질 수도 있으니 조심해야 한다.

p230
how to make

장미 모티브 원형 러그 ; 700여 개의 꽃송이가 천지, 뜨개에서도 향기가 난다!

『집과 뜨개질』에 실린 작품 중 나름 난이도가 있는 소품 중 하나인 꽃 모티브 러그. 같은 모티브를 727장 떠서 완성한 것은 다른 소품들과 크게 다르지 않지만 꽃 모티브가 초보자에게는 어려울 수 있다. 다행히 일러스트가 친절하니 이미 블랭킷 한두 개 완성했다면 못할 것도 없는 디자인이다. 자투리 실을 사용했다고는 하지만 워낙 모티브 개수가 많아 실이 만만찮게 들어간다. 원하는 러그 크기에 따라 모티브 개수는 조절하면 되고, 촘촘하거나 느슨한 정도 역시 뜨는 사람 맘대로 조절하면 된다. 포인트는 꽃밭이 되도록 가급적 다양한 색상의 실을 활용하는 것.

small things

**양말 빗자루 ; 신어도 좋고,
소품 만들어 세워도 그만!**

분명 에디터는 내 맘대로 뜨라고 했으니 신지도 않을 양말을 뜬다고 뭐라 할 것 같지는 않았다. 북유럽 어느 나라에서는 입학하는 아이들을 위해 엄마들이 모두 양말 빗자루를 뜬다고 한다. 그럼 아이들은 엄마가 정성스럽게 뜬 양발 빗자루를 입학식에 들고 나간다고 하니 참, 재밌는 생각이다. 말 타고 씩씩하게 새로운 출발을 하라는 의미일까? 나는 만들어서 현관 앞에 여러 개 세워두고 집 지키는 말로 써야겠다.

쌓고, 포개고, 귀에 대보다가, 딴청 피우기….
아이들에게는 뭐든 장난감인가 보다.

컵 커버 ; 손 델까, 손님 컵에 옷 입혀야지!

바느질은 원단을 이어 소품을 만들고, 스티치는 장식용이라지만 뜨개는 실을 엮어 조직을 만드는 일이라 다른 수작업에 비해 한 단계 업그레이드된 창작품이 아닐까? 한동안 뜨개 옷이 유행이었지만 사실 뜨개로 할 수 있는 것은 무궁무진하다. 원하는 것은 다 만들 수 있기 때문이다. 추운 겨울이 다가온다. 이제 곧 중정을 바라보며 따뜻한 차를 함께 할 손님들이 들겠지. 손님 컵에 예쁘게 옷 입혀야겠다.

p234 how to make

컵 받침 ; 자투리 실의 놀라운 변신, 선물용으로 제격이다!

현장에 앉아서 지인들과 대화 나누며 모티브를 천 장씩 뜨는데 컵 받침 정도야 그야말로 심심풀이 땅콩이다. 그런데 이게 선물용으로 그만이어서 이 단순한 작업을 멈출 수가 없다. 자투리 실 버리지 않고 모아두었다가 넉넉히 만들어 집에 온 손님 손에 들려 보내기도 하고, 내게 음식을 공수해 주시는 선생님께도 선물한다. 컵 받침 같은 것으로 충분히 연습한 뒤 고난이도로 접근하는 것도 방법이다.

p234
how to make

병 커버 ; 데커레이션에 재미 붙으면 뜨는 즐거움이 솔솔~

거실 바닥 한가운데에, 침대 이불 위에 두고 쓸 스프레드 만들고 나면 좀 지치는 것도 사실이다. 이때 간간이 집 안 여기저기 활용할 수 있는 데커레이션 소품을 만들다 보면, 뜨개 재미가 다시 솔솔 생겨난다. 컵에 옷 입히던 날, 병에도 새 옷 만들어 들꽃 몇 송이를 꽂았다. 참, 예쁘다.

p236 how to make

스툴 커버 ; 스툴의 표정이 다양해지는 겨울

한기가 느껴지는 계절에는 뜨개 소품이 대활약하는 시기. 어깨와 무릎도 덮어야 하고, 소품에 새 옷 입혀 단장도 해야 하지만 그중 최고로 활용도가 높은 것이 방석이다. 사이즈가 작은 스툴은 뒤집어씌우고, 의자는 가장자리에 끈 달아 부착하면 한철 따뜻하게 보낼 수 있다.

p238
how to make

"엉덩이가 따뜻해서 좋아요!" 꼬마 아가씨가 스툴 커버를 탐낸다.
"애야, 그거 갖고 싶다면 스툴까지 함께 집어 가야 해!"
김연 에디터는 좋아서 코를 벌렁거린다.

옷걸이 커버 ; 벽 장식 소품으로 손색없는 심플 아이템

전문가는 아니지만 뜨개 경력이 조금씩 늘어가면서 책을 보거나 도안을 볼 수 있게 됐다. 대부분 뜨개 책은 도안이 전부여서 몇 가지 기호를 익히고 나면 새로운 것에 도전해 볼 수 있다. 옷걸이 커버는 별난 색 조합을 시도해 멋을 부린 디자인이다. 앞뒤로 같은 패턴 두 장 만 들어 옷걸이를 끼운 다음 창구멍을 막으면 완성된다. 빈 벽에 걸어두기만 해도 벽 장식 소품으로 손색이 없다.

p242
how to make

여분용 휴지 걸이 ; 욕실에 한 코 한 코 배려를 담고 싶다면!

빈티지 감각의 프린트가 돋보이는 휴지 걸이를 보고 생각해 낸 디자인이다. 보통 주방에서는 키친타월을 끼워두던데 우리 집은 욕실에 두고 여분의 휴지를 보관하기로 했다. 휴지가 떨어졌을 때 다른 사람을 배려하는 맘을 표현할 수 있고, 무엇보다 직접 만든 소품으로 집을 꾸미는 재미가 남다르니까.

p244
how to make

성탄 장식 갈런드 ; 크리스마스트리에 대롱대롱 뜨개 나무

어디에서나 볼 수 있는 평범한 트리 소품에 싫증이 났다면 한나절이면 완성할 수 있는 뜨개 소품을 추천한다. 레드·그린·화이트를 메인 컬러로 모티브를 여러 개 만들어 장식하거나 리본 테이프에 엮어서 갈런드를 만들어 벽에 걸어도 예쁘다. 코 줄이는 기법을 익혔다면 삼각형 모양으로 떠서 뜨개 나무를 만들어도 운치 있다.

p246
how to make

**캠핑용 갈런드 ; 실과 재활용
원단으로 만든 내추럴 소품**

갈런드는 장식용 화환의 일종으로 최근에는 꽃이나 나뭇가지, 각종 오브제를 엮어 길게 늘어뜨리거나 걸기도 한다. 벽 장식 소품으로 활용하거나 캠핑 분위기를 돋우는 데도 쓰이는데, 대바늘뜨기로 만든 갈런드는 은근히 빈티지한 감각을 더해 준다. 삼각형 모양은 일정하게 코를 줄이기만 하면 손쉽게 완성할 수 있다. 특히 실 대신 원단을 잘라 이은 다음 대바늘뜨기하면 내추럴한 느낌을 더욱 잘 살릴 수 있다.

p247
how to make

모델 꼬마를 만나러 친구가 왔다. 바구니 가득 실을 넣어줬더니 그것만 가지고도 30분은 거뜬히 보낸다. 실뜨기하는 법을 알려주었는데 아직은 서툴다.

styling item

꼬마 아가씨한테 맘에 드는 가방 하나 고르라고 했더니 전부 들어 목에 건다. 꼬마나 어른이나 여자들은 모두 가방을 좋아한다.

세 가지 스타일 가방 ; 기분에 따라 색깔별로 하나씩!

좀 더 다양한 아이템이 필요하다는 의견에 고민하던 중 가죽 벨트를 발견하고 가방을 생각해 냈다. 가방 끈이 생겼으니 주머니가 있어야 하지 않을까? 역시 실과 바늘만 있으면 뭐든 만들 수 있는 뜨개의 매력을 떠올리지 않을 수 없다. 벨트가 3개니까 가방도 세 개. 실 색을 바꿔가며 원하는 모양을 내거나 원단을 덧대 장식해도 멋스럽다. 벨트는 있는 그대로 꿰맨 것뿐인데 한층 장식 효과가 살아난다.

p248
how to make

p249
how to make

UN DEUX

초간단 브로치 ; 니트 카디건, 재킷 입고 브로치로 마무리!

50개 들이 한 봉지에 1만원 정도면 구입할 수 있는 브로치 반제품이 우리 집에 한 바구니다. 실을 돌돌 말거나 동전만 한 모티브를 붙이거나 모티브를 주렁주렁 매달기만 해도 금세 완성된다. 선물했을 때 하나같이 기뻐하는 아이템이기도 하다. 패션 소품은 컬러감도 중요하지만 소재에 따라 그 느낌이 남다르다. 니트 카디건에, 재킷에, 그리고 목도리에 뜨개 브로치 하나면 패션 감각이 한결 돋보인다.

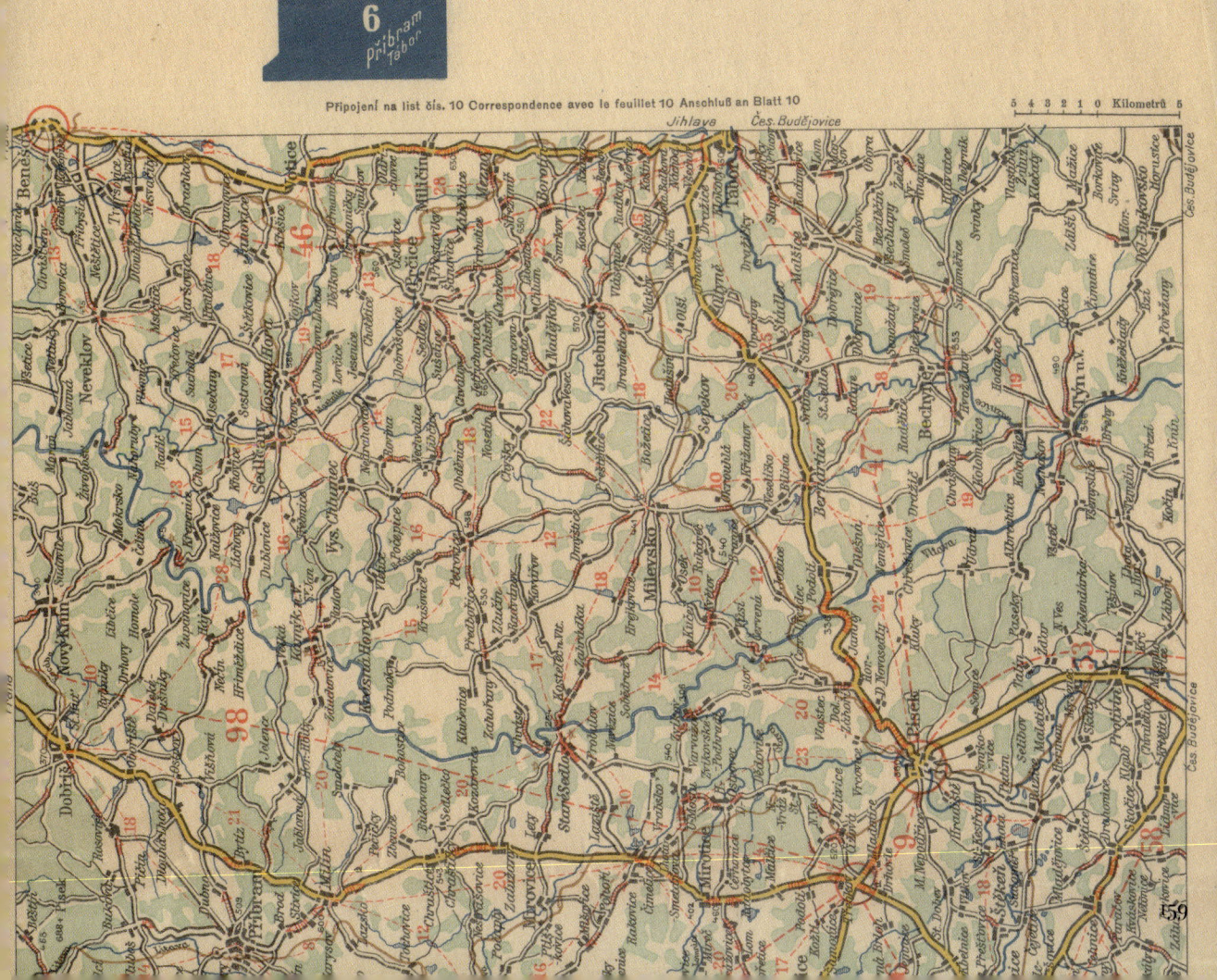

다재다능 목걸이 & 팔찌 ; 평범한 내 입성에 안성맞춤
스웨터를 입고 밋밋한 감이 들 때 긴 줄의 뜨개 목걸이를 둘둘 말아 두르면 더없이 위로가 된다. 포인트 소품 역할을 톡톡히 할 수 있도록 색상은 화려한 것으로 선택하고, 단추나 꽃 모티브 등으로 군데군데 장식하면 완성도가 높아진다. 줄 뜨는 방법을 익혀 두면 여기 저기 활용도가 높은데, 특히 목걸이, 팔찌 만들 때 유용하다.

꽃 장식 팔찌 ; 명품 부럽지 않은 핸드메이드 제품!

명품 시계가 하나쯤 있어도 나쁘진 않겠지만 의외로 수수한 스타일인 나는 그리 갖춰 입는 편이 아니다. 하지만 예쁜 것, 감각적인 것, 핸드메이드 같은 것에는 자유롭지 못하다. 입지도 않는 리넨 원피스나 목도리 등등 새것 그대로 장롱에 모셔 놓고 있으니 누구를 탓할까. 브라운, 카키, 베이지색은 내가 사랑하는 색 조합 중의 하나로, 세트로 만든 팔찌 또한 내가 아끼는 소품 중 하나다. 두 개를 함께 차면 더 예쁘다.

p255
how to make

p256
how to make

코바늘 뜨개 팔찌 ; 여성스러운 스타일링이 필요한 날 딱!

뜨개 소품은 그 질감 때문에 겨울에 어울린다고 생각하기 쉽다. 하지만 모사가 아닌 면실을 사용하고 가늘게 뜨면 여름 소품으로도 활용도가 높다. 성글게 코바늘뜨기해서 만든 화이트 커튼이나 쿠션 커버 등은 여름 인기 아이템이다. 계절별로 다양한 컬러를 활용해 가느다란 팔찌 여러 개 만들어 두면 스타일링이 필요한 날 그만이다.

단추 장식 팔찌 ; 하루 열 개도 뚝딱 만들 수 있는 간단 소품

대형 블랭킷 같은 끈기 폭발 작품을 끝내고 난 뒤에는 잠시 쉬어가는 시간이 필요하다. 그럴 때 작은 액세서리가 제격이다. 통통하게 한 줄로 떠서 서로 다른 단추 몇 개 달아주니 팔목 위에서 은근히 생색을 낸다.

p252
how to make

퀼트 스타일 목도리 ; 천 조각을 잇듯 이어 만들기

만들기 페이지에서 확인하면 금세 알 수 있겠지만, 이 목도리 디자인은 퀼트 조각 잇기를 생각하면 이해가 빠르다. 다양한 색실을 이용해 네 개의 편물을 짠 다음 그것들을 이어 만들었다. 컬러감을 더욱 풍성하게 줄 수 있을 것 같아 시도해 보았는데 만족스러웠다. 메리야스뜨기를 하면 편물 가장자리가 돌돌 말리는데, 이런 성질을 자연스럽게 활용했다.

모델 꼬마에게 딱 맞는 것을 보니 좀 더 길게 만들어야겠다는 생각을 잠시 했다. 다양한 컬러감을 살리려면 돌돌 감아야 제맛이니까.

p259
how to make

패션 목도리 ; 레이어드해야 예쁘니까 20개는 필요하지 않을까?

돌돌 말아서 두면 지인들이 보고 실인가, 컵 받침인가 하고 착각을 한다. 바구니에 쌓아 두니 그럴만도 하다. 얇지만 저 또아리들은 목도리다. 한 개만 두르면 패션 소품이고 서너 개 두르면 방한용으로도 활용 가능하다. 이 목도리 뜨기의 포인트는 너무 긴가, 싶을 정도로 길게 뜨고, 적어도 서너 가지 색 조합을 해야 둘렀을 때 제 멋이 난다. 무엇보다 색상별로 레이어드해야 예쁘니까 틈틈이 20개 이상은 떠 두는 것이 어떨까?

핑크 니트 리폼 숄 ; 도전! 니트 원단에 모티브를 덧대 만든 숄

마치 기성품처럼 보이지만 니트 원단에 편물을 이어 붙여 만든 숄이다. 마침 분홍색 니트 원단이 생겨 숄로 쓰기에 적당한 크기로 중간중간 이은 다음 한 면에만 모티브를 연결했다. 정사각형 숄을 반으로 접어 외출용으로 착용해도 손색이 없다. 니트 원단이 없다면 기존에 실수로 세탁해 버린 니트나 작아진 니트를 재활용하는 것도 방법이다.

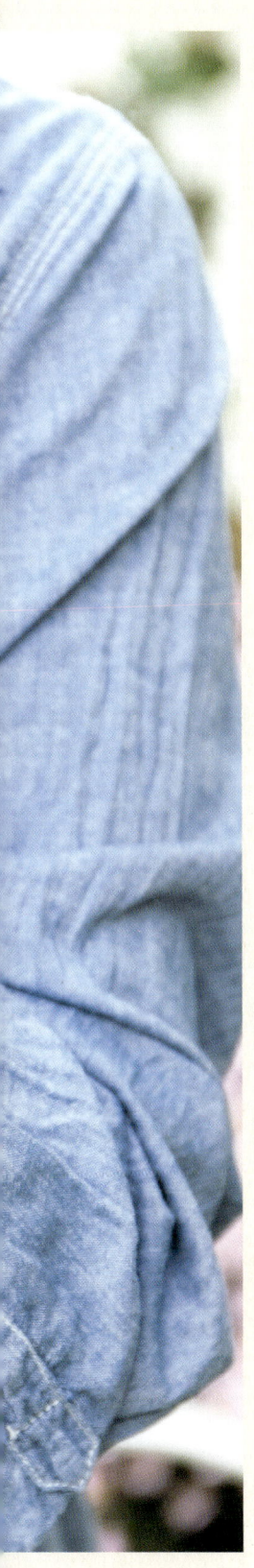

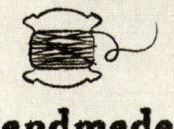

Handmade

블루 팔 토시 ; 유행 아이템 하나는 갖춰서 운전할 때 착용

몇 년 전부터 겨울이면 뜨개 토시가 매장마다 앞다퉈 등장하고 있다. 유행 아이템 하나 정도는 직접 떠서 실용적으로 활용하는 것도 좋겠다. 특히 손가락 나온 토시는 운전할 때, 컴퓨터 작업할 때 매우 유용하다. 남색 2짝, 밤색 1짝 이렇게 3짝을 뜬 다음 그날그날 기분에 따라 언밸런스하게 컬러를 바꿔 착용한다.

블루 & 아이보리 베스트 ; 하나의 디자인, 두 가지의 연출법

어릴 적 할머니가 입었을 법한 평범하고 밋밋해 보이는 디자인이지만 일단 입어 보면 등이 얼마나 따뜻한지 벗기 힘들다. 그렇다고 디자인이 여기서 끝일까? 입는 방법에 따라 조끼의 길이가 달라지고, 투톤으로 짤 경우 같은 아이템이라고 보기 힘들 정도로 그 느낌이 다르다.

p264 how to make

p266
how to make

목도리 겸용 카디건 ; 1 + 1, 겨울철 꼭 하나 갖고 싶은 필수 아이템

내가 입으면 팔 길이가 딱 맞는데, 대신 입어준 지인이 걸치니 팔이 남는다. 겨울철 실내에서 두르고 있으면 보온 효과가 뛰어나고, 외출할 때는 목도리로 사용할 수 있어 활용도가 높다. 길이가 워낙 길어서 목에 두른 다음 브로치 하나 고정시키면 네크 워머로도 손색이 없다.

베이지 꽃 모티브 숄 ; 숄 · 블랭킷… 변신이 가능한 만능 아이템

실의 굵기에 따라서 모티브의 성글기가 다른 것도 코바늘뜨기의 매력이다. 얇은 베이지색 실로 성글게 떴더니 편물 조직이 하나하나 정교하게 살아나 디테일이 아름답다. 코트 위에 걸쳐 레이어드해도 좋고, 블랭킷으로 사용해도 무난하다.

p268
how to make

이만, 가보겠습니다!

또 놀러 와도 되죠?

epilogue

정말 고마웠습니다

책을 닫으며 김혜정 씀

누가 시키지 않아도, 바쁜데도, 저 좋아서 하는 뜨개질입니다. 사실, 작품이랄 것도 없는데 너무 송구스럽다 싶기도 합니다. 솔직히 그렇습니다. 게다가 집 안 구석구석 다 펼쳐 보이고 나니 별것도 아닌 걸 자랑이라도 한 듯해서 영 부끄럽습니다. 그래도 읽어주셔서 고맙습니다. 바람이 있다면 그저, 이 책을 집어든 누군가도 저처럼 뜨개 바늘 손에 쥐고서 어느 하루 잠시, 복잡한 마음 쉬어 갔으면 하는 것뿐입니다. 해 보니 뜨개질은 인생이 다 그렇다, 하고 가르치는 선생 같았습니다. 모든 게 마음먹은 대로라는 것, 무던히 가다 보면 무언가 이루어져 있더라는 것, 될까 싶었던 것들도 기어코 해내더라는 것… 거창한 말 같기는 하지만 저는 뜨개질에서 그런 걸 배웁니다. 모르기는 해도 다들 그렇겠지요. 그래서 뜨개질에 빠지는 것이겠지요. 참 고마웠습니다. 이 책이 잠시나마, 아니 언제든 필요한 순간에 벗이 되어준다면 더 좋을 것 같습니다.

뜨개질하기 좋은 지금

핸드메이드 노트

옐로&블루 블랭킷

재료 | 노란색 모사 · 짙은 파란색 모사 300g씩, 3/0호 코바늘, 돗바늘

이렇게 만드세요

1 모티브 110개를 만든다. 모티브는 모두 완성한 뒤 돗바늘로 연결하거나 모티브를 코바늘로 떠가며 연결한다.
2 가장자리는 노란색 실로 1단을 떠 완성한다.

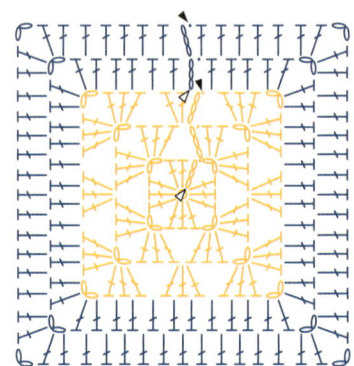

모티브 110개

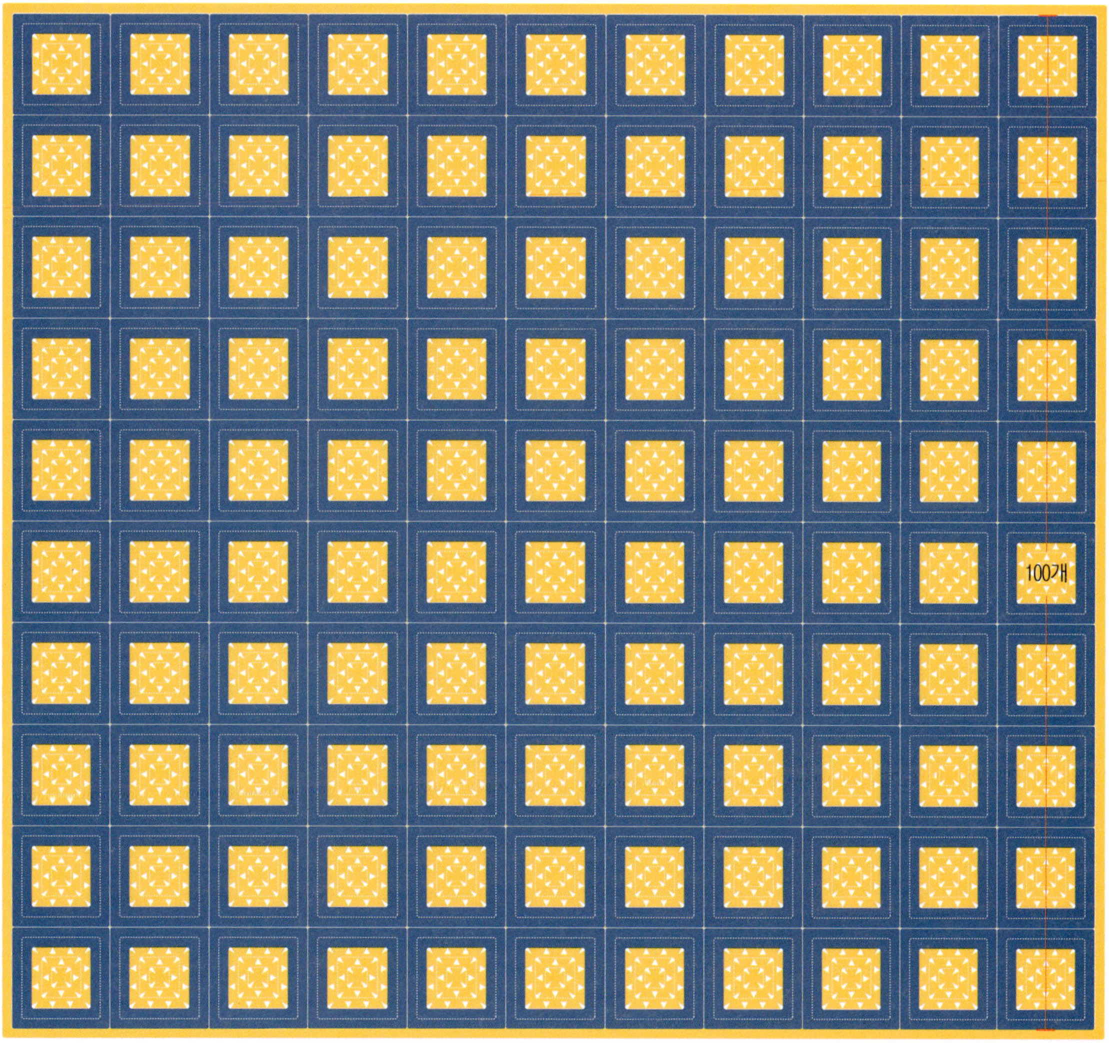

100개

헥사곤 스타일 블랭킷

재료 | 빨간색 모사 50g, 노란색·회색 모사 200g씩, 3/0호 코바늘, 돗바늘

이렇게 만드세요

모티브 179개를 만든다. 모티브는 모두 완성한 뒤 돗바늘로 연결하거나 모티브를 코바늘로 떠가며 연결한다.

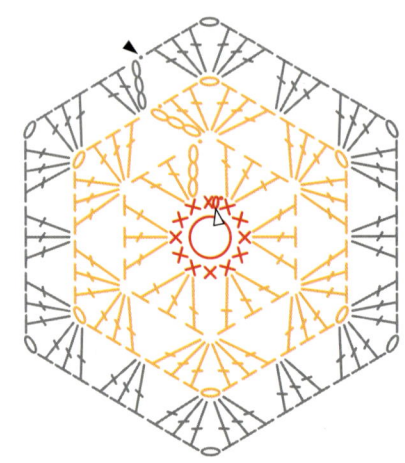

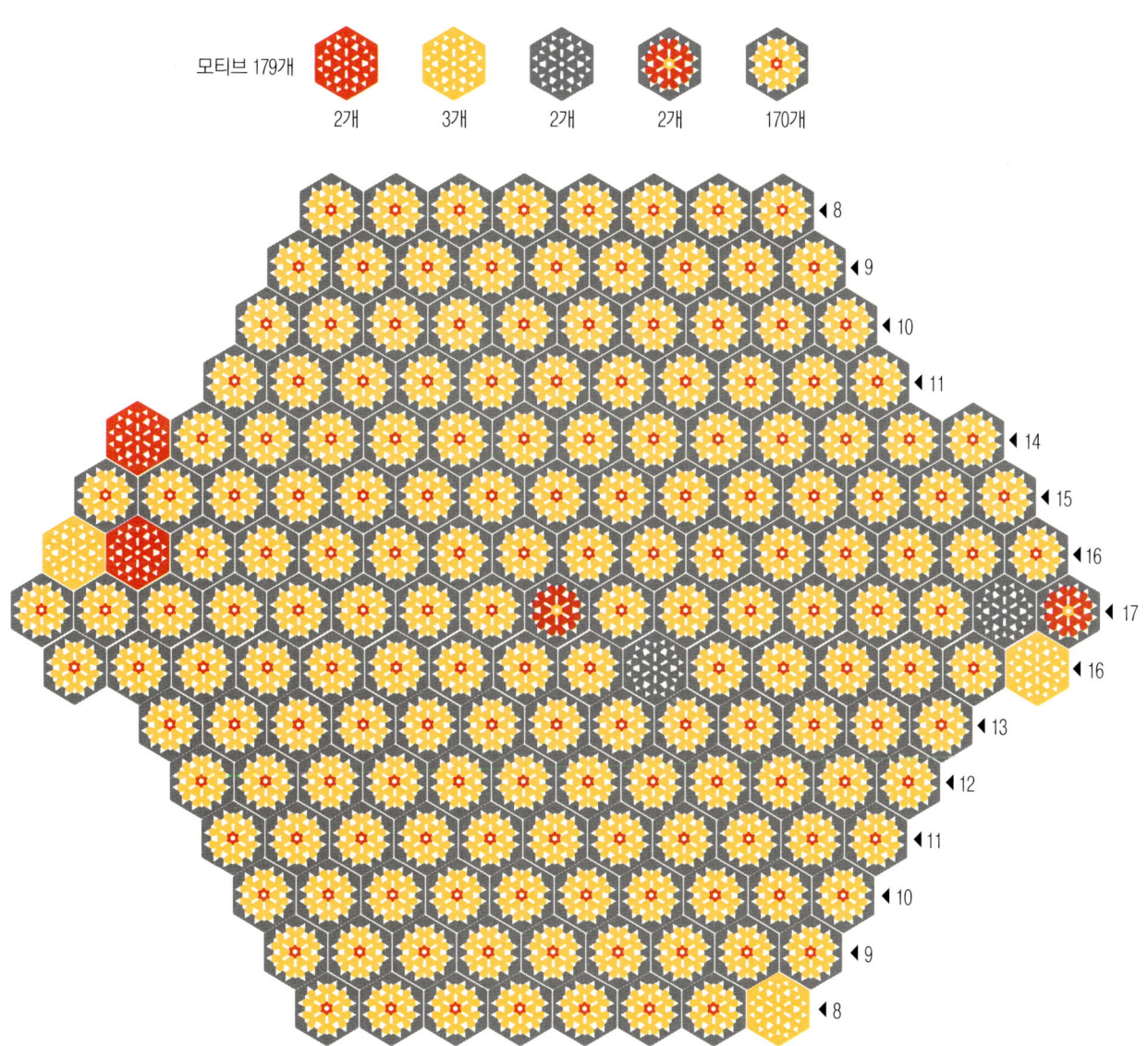

폼폼 장식 다용도 덮개

재료 | 다양한 색상의 모사 적당량씩, 3가지 색상의 원형 장식(폼폼) 자유 선택, 대바늘 8호, 돗바늘

이렇게 만드세요

1 겉뜨기와 안뜨기를 1코씩 번갈아뜨는 고무뜨기로 그림과 같이 17장의 편물을 뜬다.
2 17장의 편물은 토막 실로 군데군데 묶어 잇는다.
3 장식용 폼폼은 편물과 편물 사이를 이어주면서 꿰맨다.

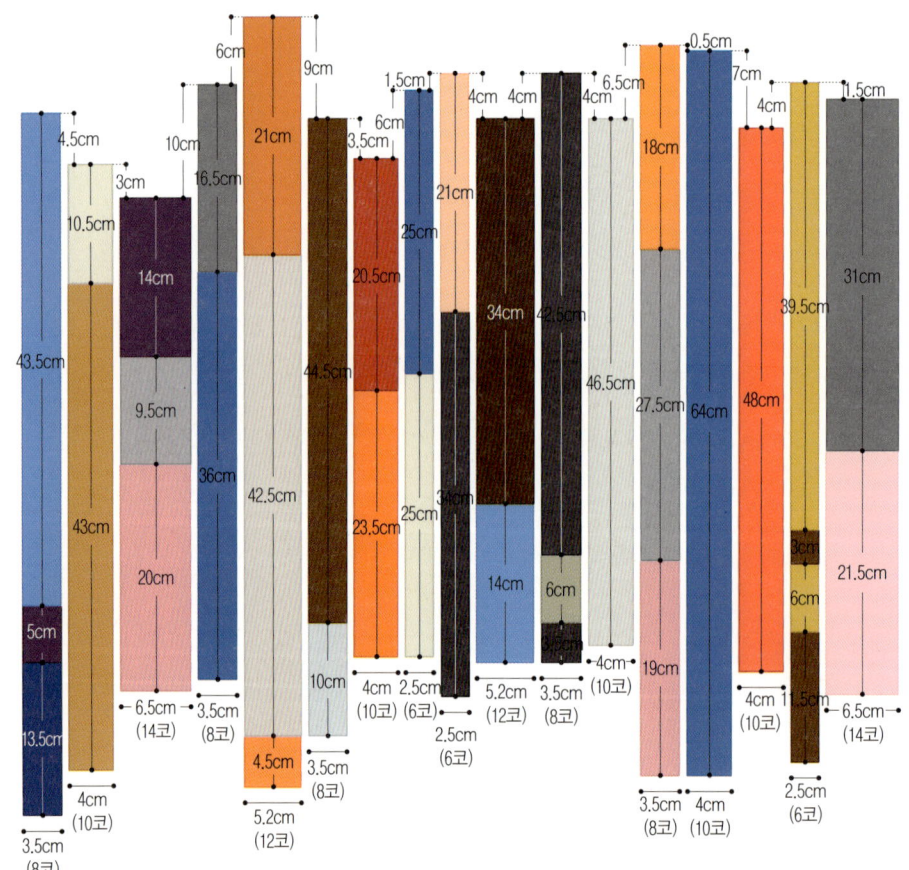

※모두 1코 고무뜨기 한다.

뱅글뱅글 원형 러그

재료 | 다양한 색상의 모사 100g씩, 5/0호 코바늘

이렇게 만드세요

1 1단은 원형 고리에 사슬뜨기(1), 짧은뜨기(7), 빼뜨기(1)를 뜬다.

2 2단은 사슬뜨기(1), 〈짧은뜨기 2번 1코에서 늘려뜨기〉×7회, 빼뜨기(1)를 뜬다.

3 3단은 사슬뜨기(1), 〈짧은뜨기(1)+짧은뜨기 2번 1코에서 늘려뜨기〉×7회, 빼뜨기(1)를 뜬다.

4 4단은 사슬뜨기(1), 〈짧은뜨기(2)+짧은뜨기 2번 1코에서 늘려뜨기〉×7회, 빼뜨기(1)를 뜬다.

5 5단은 사슬뜨기(1), 〈짧은뜨기(3)+짧은뜨기 2번 1코에서 늘려뜨기〉×7회, 빼뜨기(1)를 뜬다.

6 ①~⑤와 같은 방법으로 색실을 자유롭게 섞어가며 1코씩 늘려 94단을 뜬다. 이때 각기 다른 실에 한 가지 색실을 더하면 자연스러운 색감이 만들어진다.

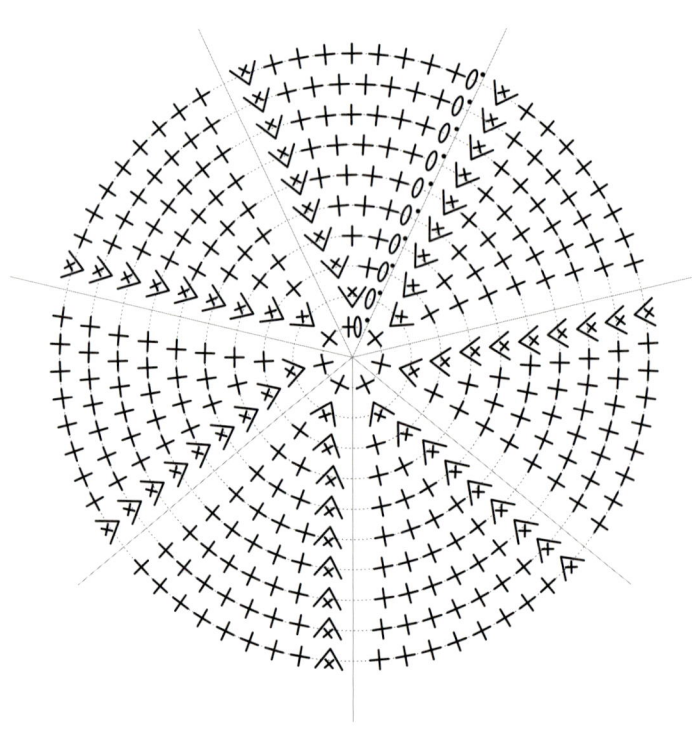

※ 지름이 큰 원형을 뜰 때는 사이사이 코를 늘리거나 줄여가며 떠야 한다. 예를 들어 일정하게 코를 만들어 가다가 지름 가운데 부분이 봉긋 올라온다 싶으면 코를 늘려야 할 때고, 가장자리 부분에 주름이 잡히면 코를 줄여야 할 때다.

별꽃 스프레드

재료 | 검은색 모사 1000g, 노란색 모사 100g, 다양한 색상의 모사 50g씩, 3/0호 코바늘

이렇게 만드세요

1. 다양한 컬러를 활용한 동그란 모티브 624개를 만든다. 동그란 모티브 가장자리는 검은색 실로 1단을 뜨면서 동시에 모티브를 연결한다.
2. 가장자리는 모티브를 모두 연결한 뒤 검은색 실로 1~5단까지 뜬다.
3. 가장자리는 노란색 실로 6, 7단을 뜬다.
4. 맨 끝 가장자리는 검은색 실로 8~10단까지 떠 완성한다.

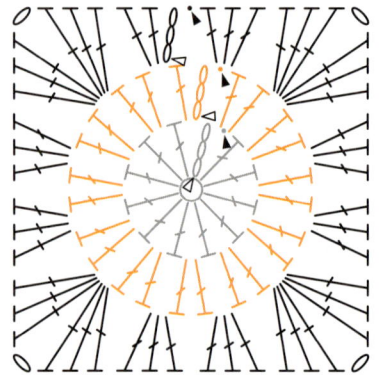

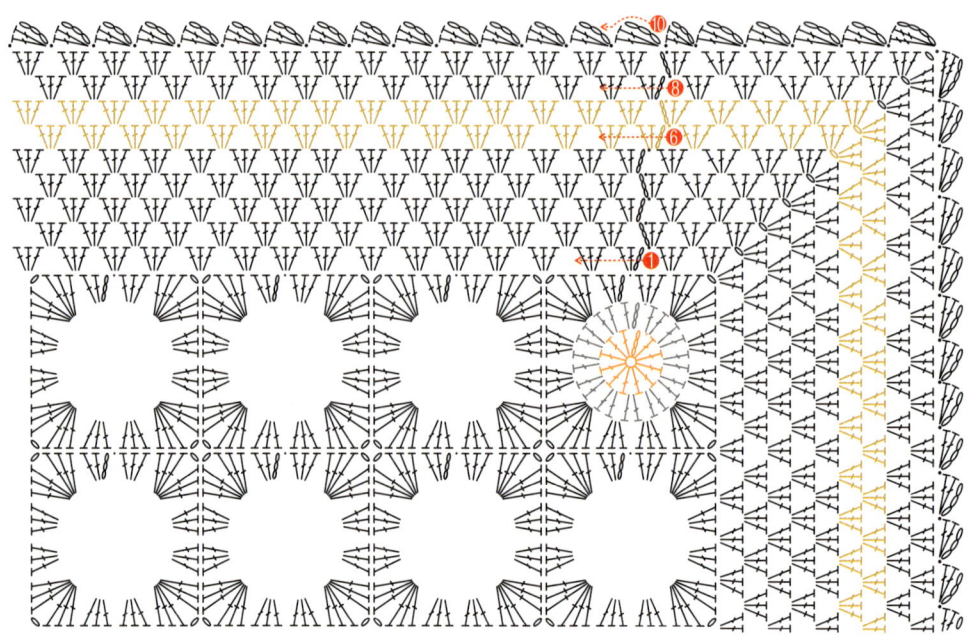

모티브 624개

나비 블랭킷

재료 | 6가지 서로 다른 색상의 모사 100g씩, 5/0호 코바늘

이렇게 만드세요

모티브 120개를 코바늘로 떠가며 연결한다.

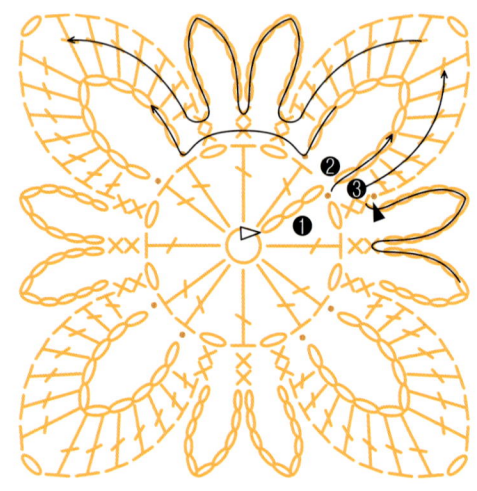

모티브 120개

12개

10개

한 가지 모티브 컬러풀 스프레드 1

재료 | 다양한 색상의 모사 적당량씩, 자주색 모사(가장자리용) 500g, 진회색 모사(가장자리용) 200g, 5/0호 코바늘, 돗바늘

이렇게 만드세요

1 모티브 112개를 만든다. 모티브는 모두 완성한 뒤 돗바늘로 연결하거나 모티브를 떠가며 연결한다.
2 가장자리는 자주색 실로 1~4단을 뜬다.
3 가장자리는 진회색 실로 5, 6단을 뜬다.
4 맨 끝 가장자리는 자주색 실로 7~9단을 떠 마무리한다.

모티브 112개(6단 109개, 12단 3개)

한 가지 모티브 컬러풀 스프레드 2

재료 | 연분홍색 모사 200g, 분홍색 모사 300g, 진분홍색 모사 500g, 진회색 모사 800g, 3/0호 코바늘, 돗바늘

이렇게 만드세요

1 모티브 168개를 만든다. 모티브는 모두 완성한 뒤 돗바늘로 연결하거나 모티브를 코바늘로 떠가며 연결한다.
2 가장자리는 연분홍색 실로 1, 2단을 뜬다.
3 가장자리는 진회색 실로 3, 4단을 뜬다.
4 가장자리는 분홍색 실로 5, 6단을 뜬다.
5 가장자리는 진회색 실로 7, 8단을 뜬다.
6 가장자리는 진분홍색 실로 9, 10단을 뜬다.
7 맨 끝 가장자리는 진회색 실로 11, 12, 13단을 떠 마무리한다.

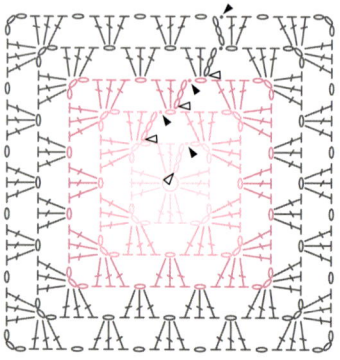

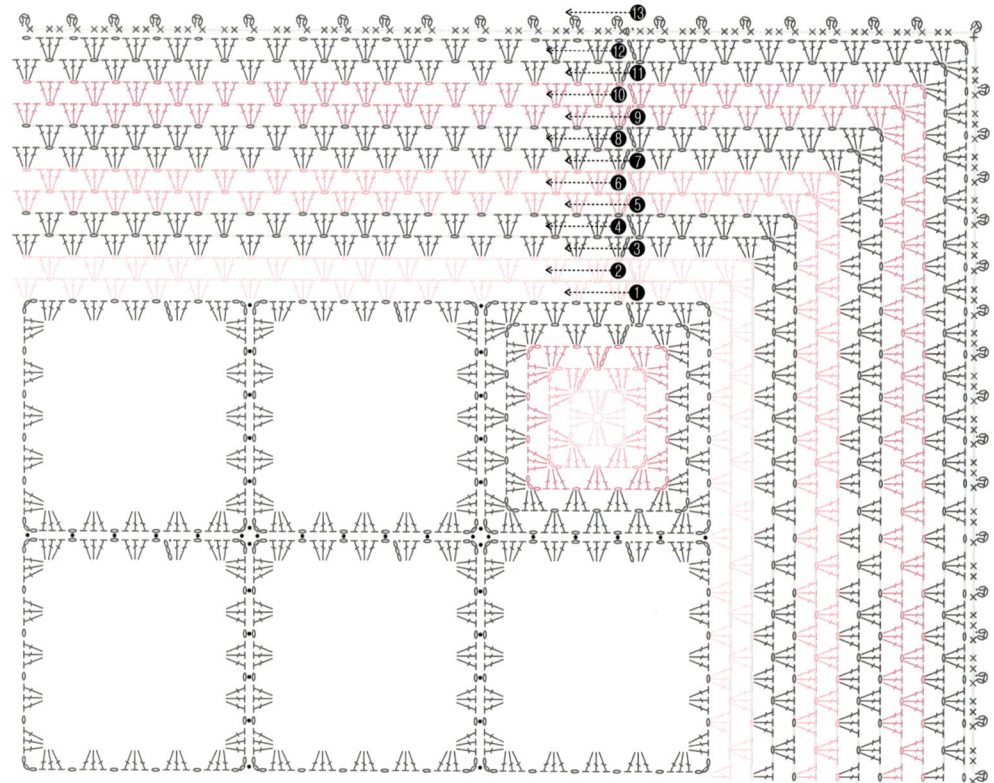

모티브 168개

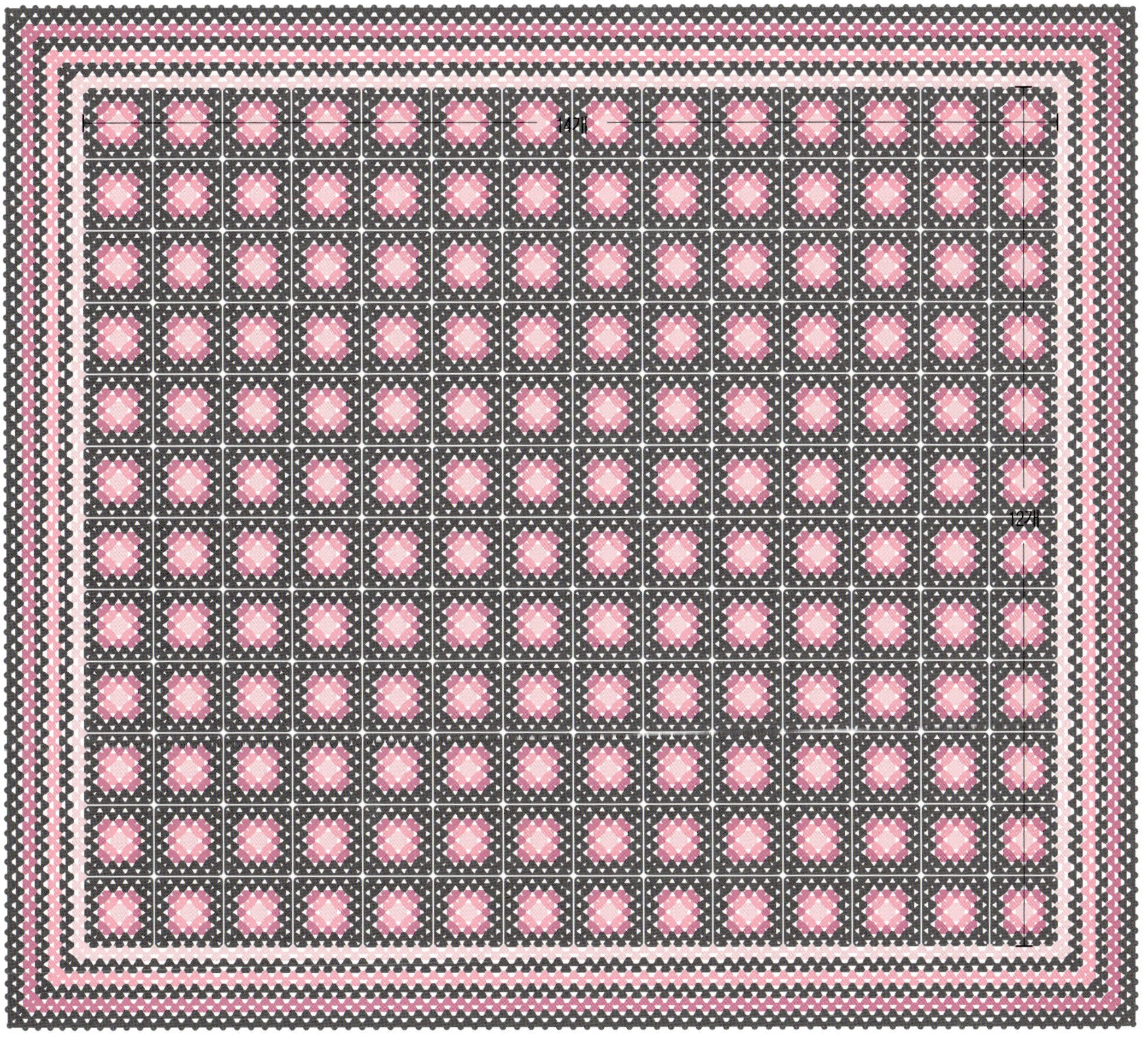

한 가지 모티브 컬러풀 스프레드 3

재료 | 다양한 색상의 모사 적당량씩, 파란색 계열 모사(가장자리용) 500g, 노란색 계열 모사(가장자리용) 200g, 5/0호 코바늘, 돗바늘

이렇게 만드세요

1 모티브 120개를 만든다. 모티브는 모두 완성한 뒤 돗바늘로 연결하거나 모티브를 코바늘로 떠가며 연결한다.
2 가장자리는 파란색 계열 실로 1~4단을 뜬다.
3 가장자리는 노란색 계열 실로 5, 6단을 뜬다.
4 맨 끝 가장자리는 파란색 계열 실로 7~9단을 떠 마무리한다.

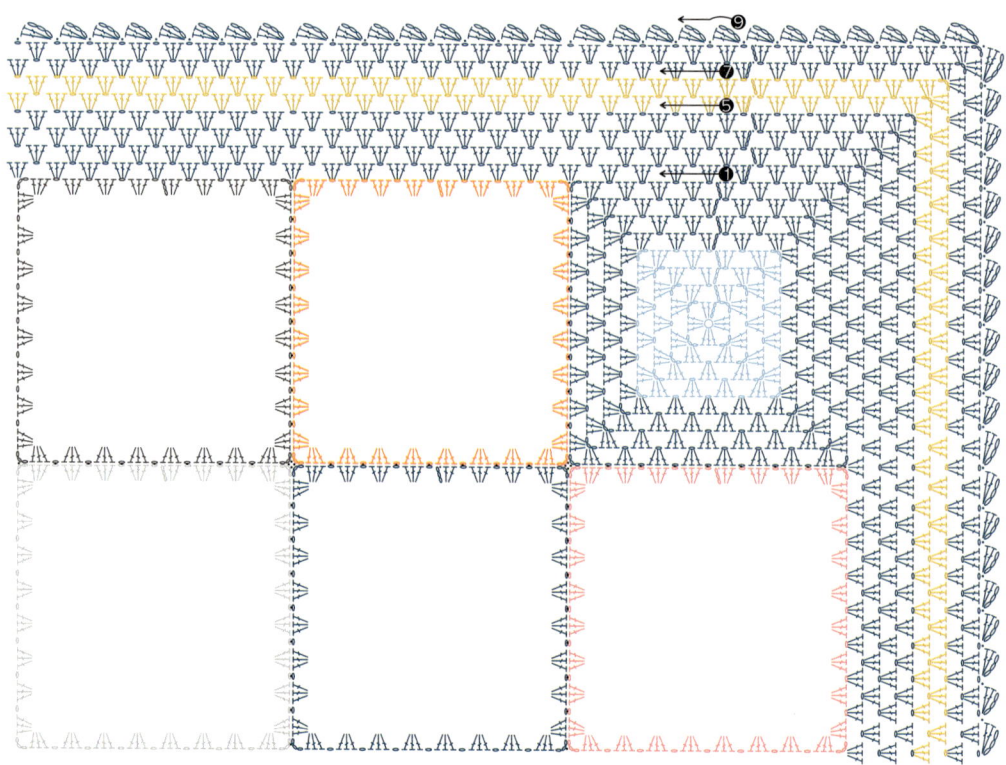

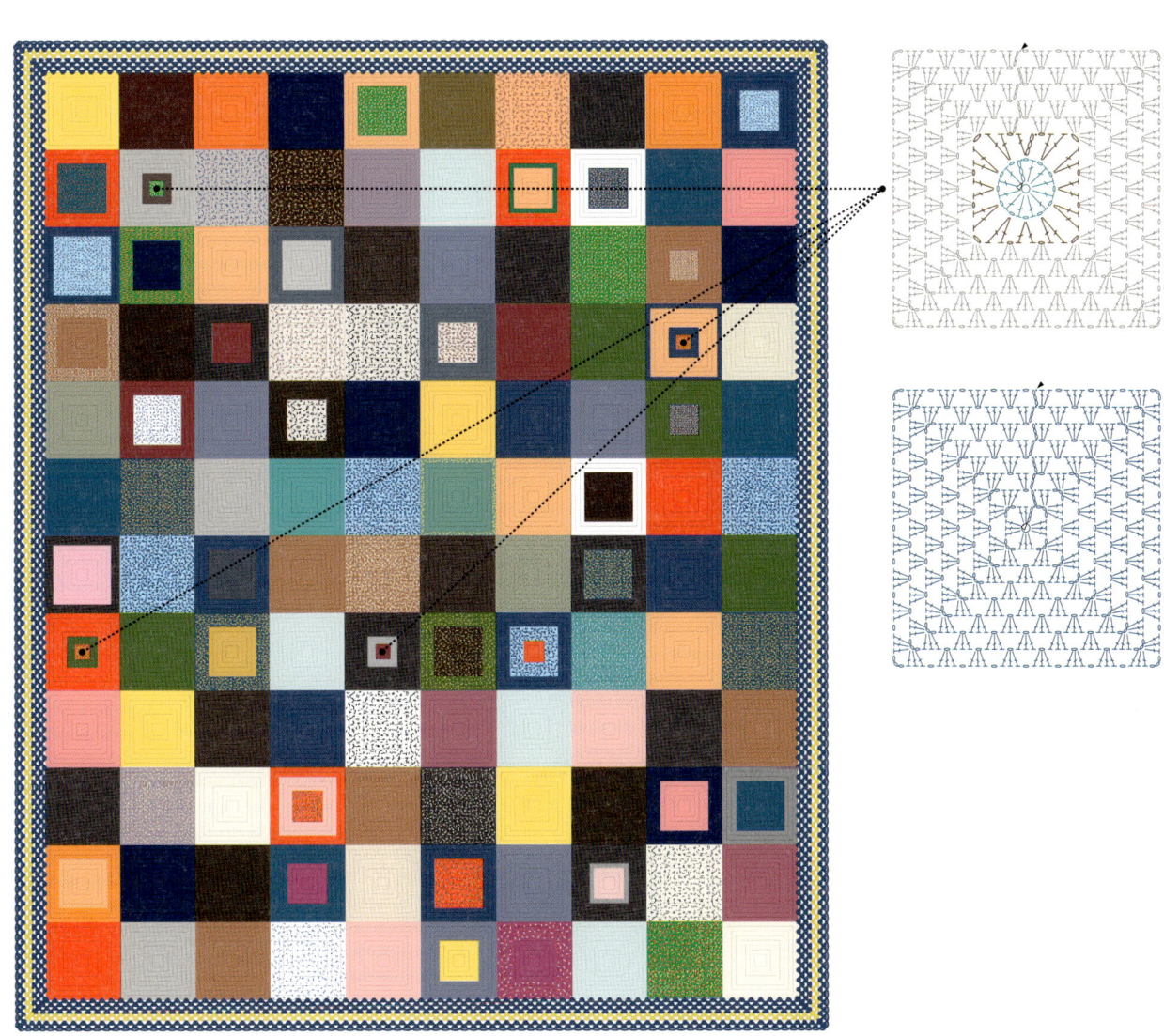

모티브 120개(8단 116개, 7단 4개)

빅 사이즈 스프레드

재료 | 고동색 모사 400g, 회색 아크릴사 200g, 분홍색 모사 · 주황색 모사 100g씩, 하늘색 모사 50g, 3/0호 코바늘

이렇게 만드세요

1 회색·분홍색·주황색·하늘색 실을 섞어 모티브 1102개를 만든다.
2 ①의 모티브는 고동색 실로 베이스를 떠가며 연결한다. 이때 빼뜨기로 각 모티브를 연결한 뒤 그림과 같은 위치에서 실을 걸어 가장자리를 완성한다.

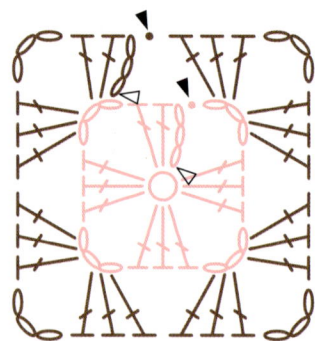

모티프 1102개

636개　　427개　　29개　　10개

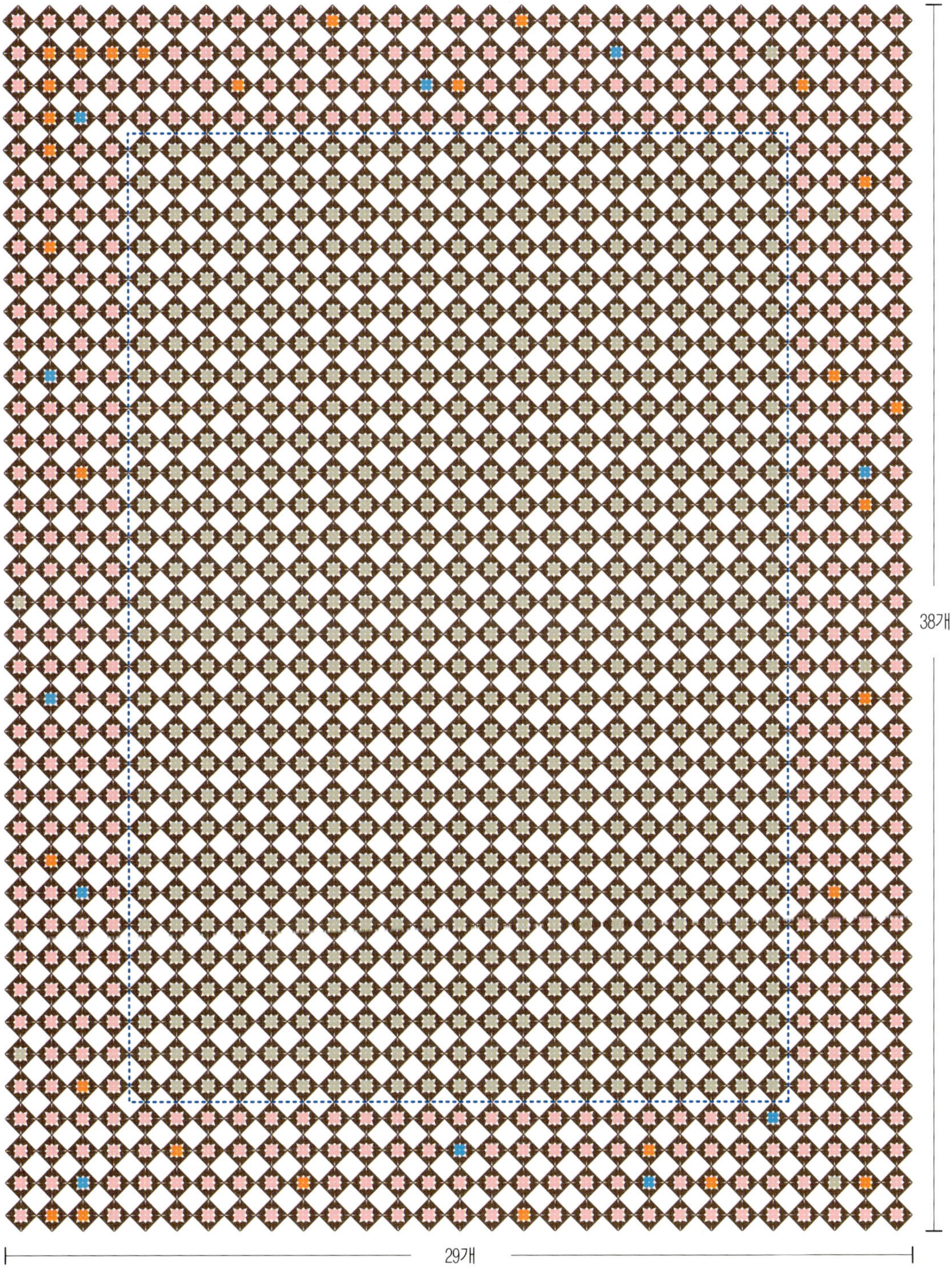

38개

29개

무지개 블랭킷

재료 | 다양한 색상의 모사 30g씩, 5/0호 코바늘

이렇게 만드세요

1. 사슬뜨기 266코를 뜬다.
2. 사슬뜨기(3), 사슬뜨기(1), 한길긴뜨기(1), 〈한길긴뜨기(1)+사슬뜨기(1)+한길긴뜨기(1)〉를 88회 반복해 1단을 뜬다.
3. 단마다 실의 색깔을 바꿔가며 1단과 같은 방법으로 112단까지 뜬다.

※ 단마다 시작과 끝 부분의 실을 5cm 정도 남겨두고 잘라내 윗단과 아랫단의 실을 함께 묶는다.

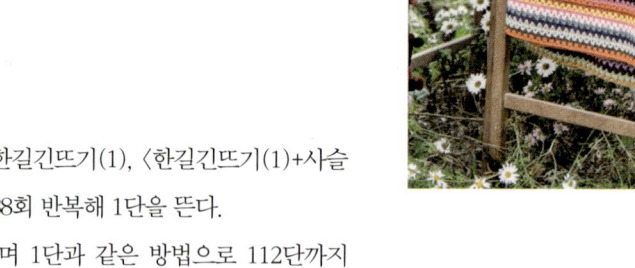

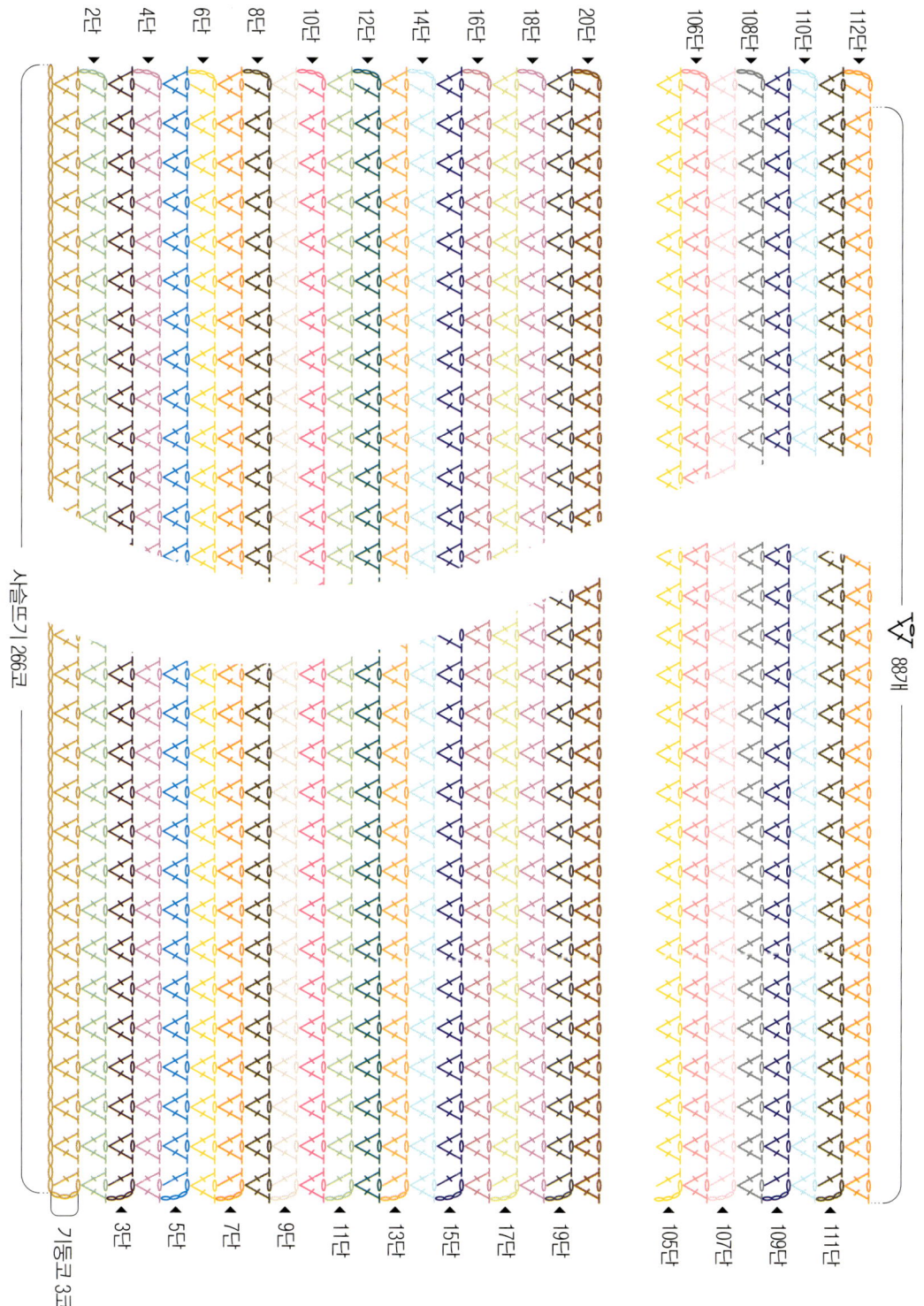

한 가지 모티브 서로 다른 디자인 1

재료 | 적갈색 모사 2올 · 분홍색 모사 2올 · 연두색 모사 2올 · 진분홍색 모사 2올 100g씩, 연분홍색 울사 · 하늘색 울사 100g씩, 검은색 울사 300g, 5/0호 코바늘, 돗바늘

이렇게 만드세요

1 모티브 257(작은 모티브 2개 포함)개를 만든다. 모티브는 모두 완성한 뒤 돗바늘로 연결하거나 모티브를 코바늘로 떠가며 연결한다.

2 가장자리는 연두색 실로 1단 뜬다. 이때 모서리 2곳에 각각 1개의 작은 모티브를 연결해 둘러 뜬다.

3 맨 끝 가장자리는 적갈색 실로 짧은뜨기(3), 사슬뜨기(3), 빼뜨기(1)를 반복하여 1단을 떠 완성한다.

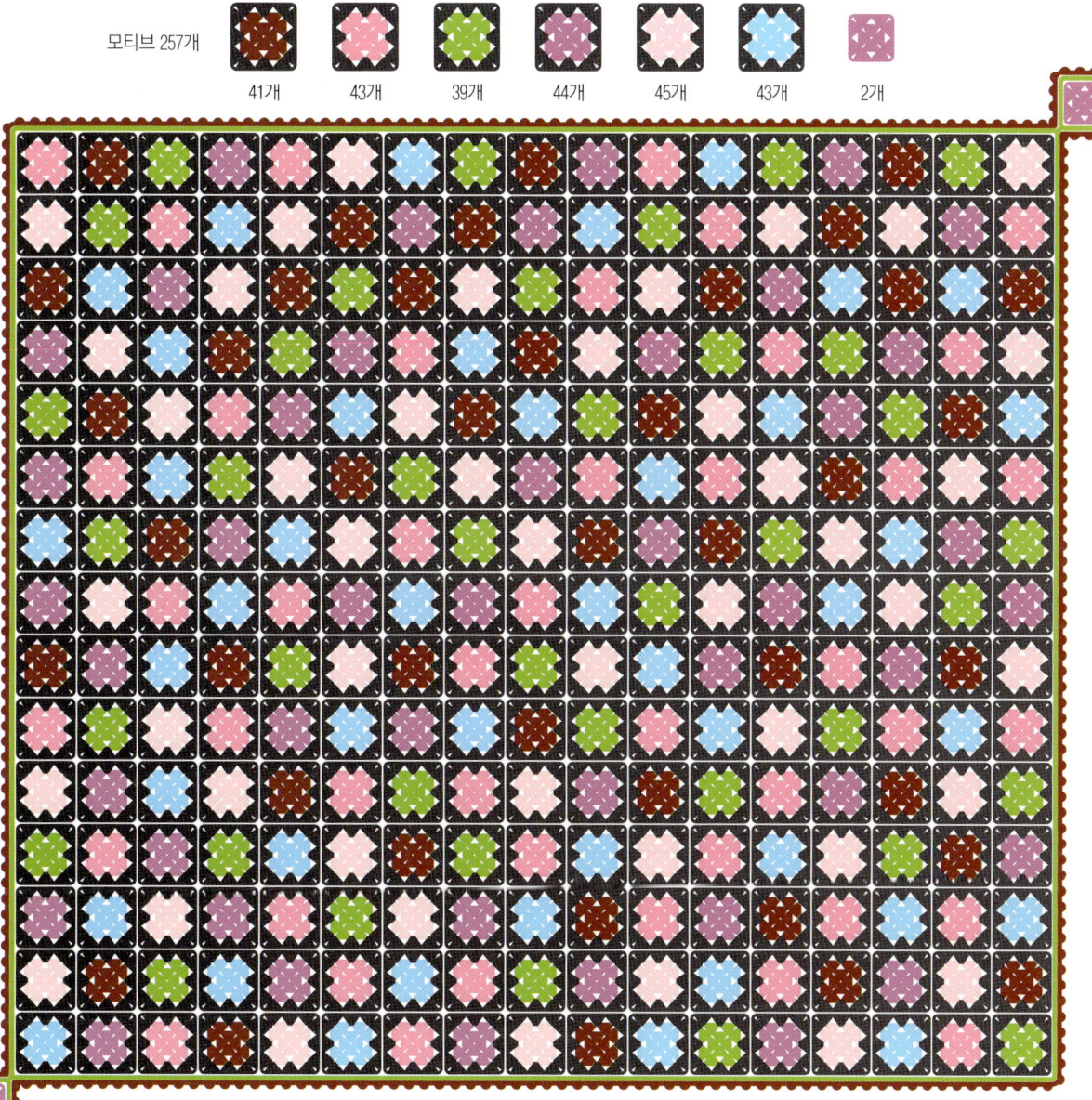

한 가지 모티브
서로 다른 디자인 2

재료 | 진한 노란색 모사 1200g, 청록색 모사 600g, 회색 모사 400g, 5/0호 코바늘, 돗바늘

이렇게 만드세요

1 각각 121개의 두 가지 타입 모티브를 만든다. 두 모티브는 모두 완성한 뒤 돗바늘로 연결하거나 모티브를 코바늘로 떠가며 연결한다.

2 가장자리는 회색 실로 1, 2단을 뜬다.

3 가장자리는 진한 노란색 실로 3~5단을 뜬다.

4 맨 끝 가장자리는 청록색 실로 6, 7단을 떠 완성한다.

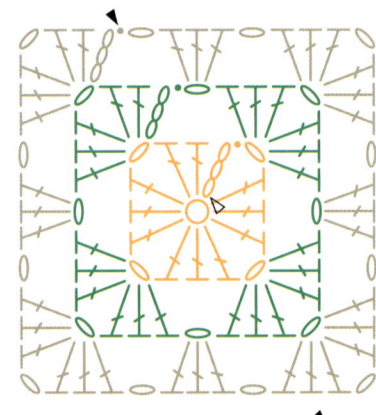

모티브 242개

121개 　　121개

단추 장식 블랭킷

재료 | 주황·그린·파랑·연분홍·고동색 계열의 알파카사 200g씩,
5/0호 코바늘, 돗바늘, 단추 적당량

이렇게 만드세요

1 같은 모양의 모티브 4장을 만든 뒤 돗바늘로 연결한다.
2 가장자리는 6~7가지 색상의 실을 선택해 1~33단까지 둘러 뜬다.
3 단추 장식은 가장자리에 실을 건 다음 사슬뜨기를 해서 단다.
4 정중앙 모티브는 파란색 실로 3단까지 뜨고, 녹색 실을 연결해 4단을 뜨면서 본체에 빼뜨기로 연결해 고정한다.

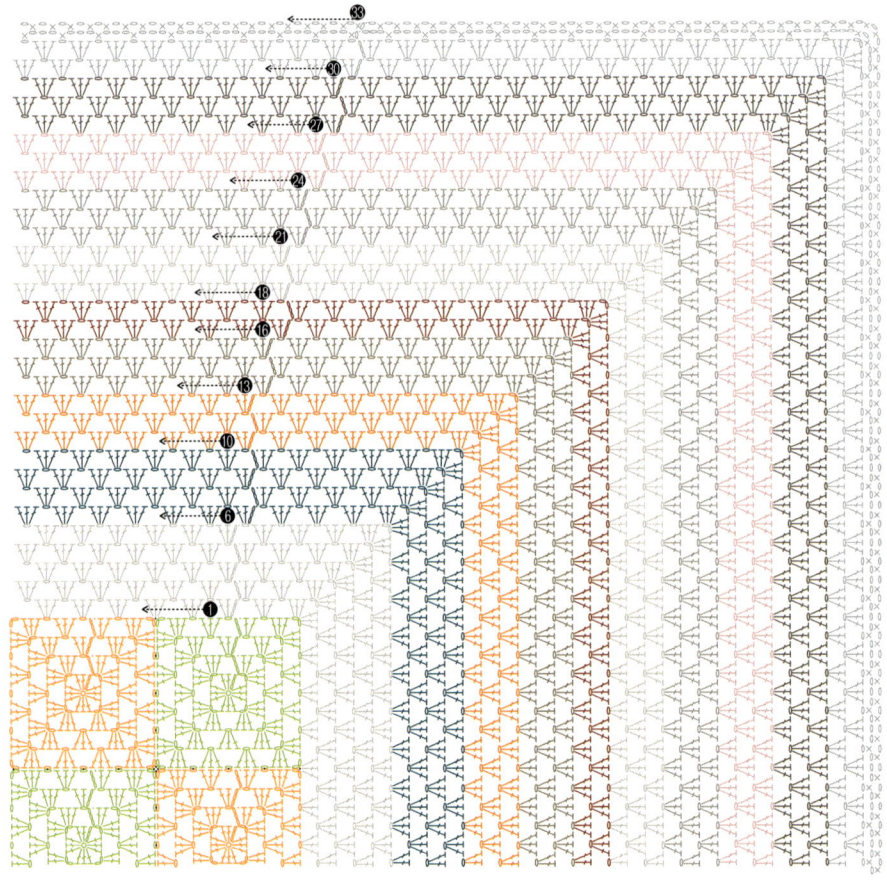

〈정중앙 모티브 뜨기〉

221

사각 블록 스프레드

재료 | 짙은 파란색 모사 300g, 다양한 색상의 모사 50g씩, 5/0호 코바늘, 대바늘 12호, 돗바늘

이렇게 만드세요

1 배치하고 싶은 다양한 색상의 실을 정한다.
2 각각의 실은 대바늘을 이용해 10코를 잡는다.
3 겉뜨기 1단, 안뜨기 1단을 번갈아가며 메리야스뜨기 한다.
4 17단째에서 코 막음해 모티브 238개를 완성한다.
5 모티브는 모두 완성한 뒤 각각 마주대고 코와 코를 감침질해 연결한다. 이때 사방 가장자리는 짙은 파란색 모티브를 배치한다.
6 맨 끝 가장자리는 파란색 모티브와 같은 실을 선택해 1~5단을 떠 마무리한다.

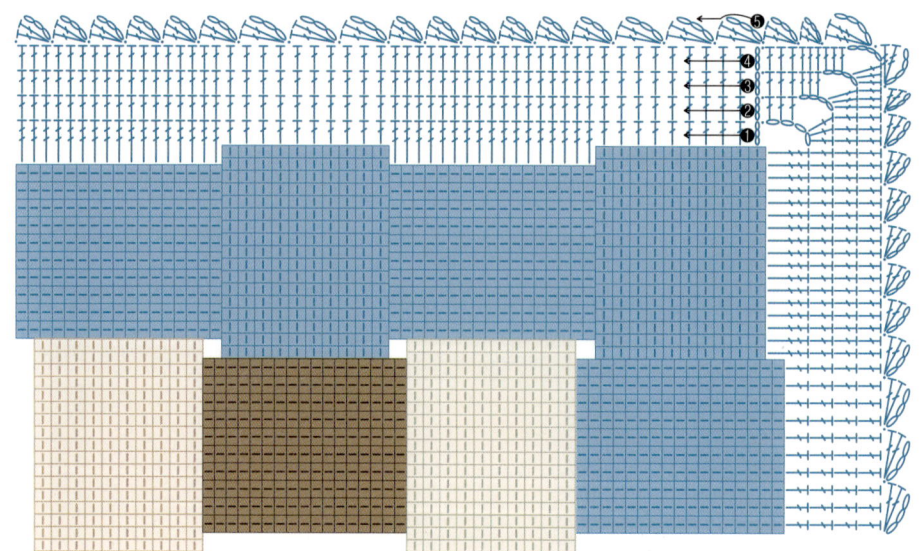

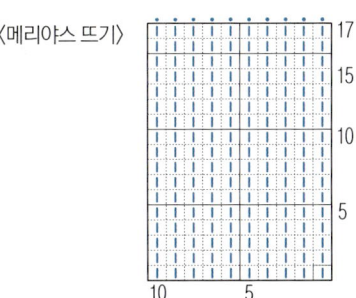

화이트 매트

재료 | 흰색 면사 300g, 보라색 재활용 티셔츠 약간, 대바늘 13호

이렇게 만드세요

1 보라색 티셔츠를 재활용한다. 실 굵기만큼 얇게 찢어 실처럼 길게 이어 사용한다.

2 흰색 실로 46코를 잡아 단마다 겉뜨기한다.

3 중간 중간 보라색 실을 연결해 겉뜨기한다.

4 65cm가 될 때까지 겉뜨기만 하여 끝단에서 코 막음해 완성한다.

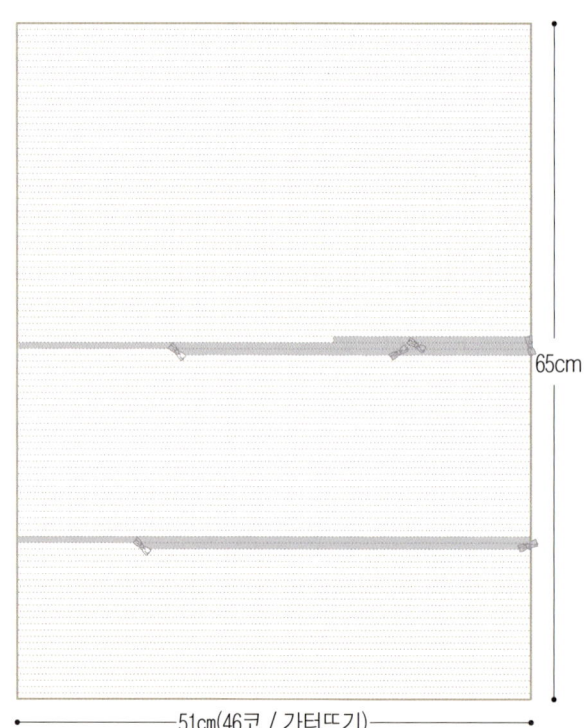

51cm(46코 / 가터뜨기)

65cm

벽걸이 겸용 러그

재료 | 진분홍색 모사 · 살구색 모사 · 청록색 모사 · 회색 모사 · 진한 황토색 모사 · 파란색 계열 모사 · 빨간색 모사 50g씩, 다양한 색상의 모사 100g씩, 5/0호 코바늘, 돗바늘

이렇게 만드세요

1 원하는 색상의 실을 선택한 뒤 그림과 같이 모티브를 2개 만든 후 연결한다.

2 가장자리는 합사한 실을 이용해 1~5단을 뜬다.

3 맨 끝 가장자리는 살구색 실로 6~8단까지 떠 완성한다.

헥사곤 스타일 러그

재료 | 다양한 색상의 모사 100g씩, 5/0호 코바늘, 돗바늘

이렇게 만드세요

모티브 199개를 만든다. 모티브는 모두 완성한 뒤 돗바늘로 연결하거나 모티브를 코바늘로 떠가며 연결한다.

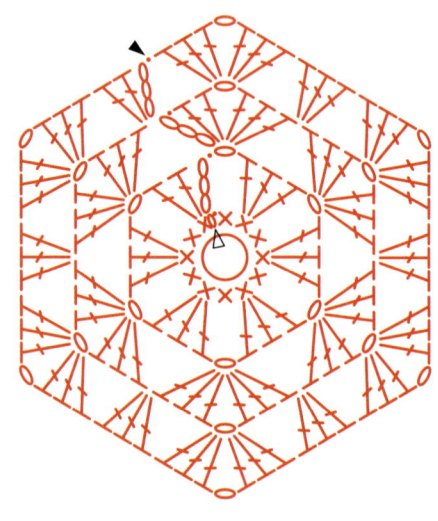

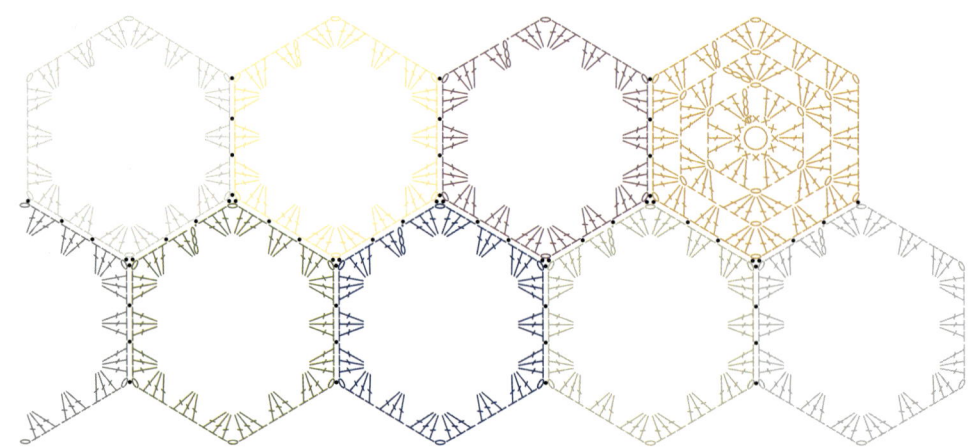

장미 모티브 원형 러그

재료 | 다양한 색상의 모사(자투리 실도 가능) 적당량씩, 3/0호 코바늘, 바닥용 퀼팅 원단(150cm 폭) 2마, 돗바늘

이렇게 만드세요

1 지름 140*cm* 원형 퀼팅 원단을 준비한 뒤 바이어스를 두른다.
2 원하는 컬러의 실을 정한 뒤 꽃 모티브 727개를 완성한다.
3 ①에 ②의 모티브를 바느질해 고정시킨다. 이때 틈이 생기지 않도록 모티브를 겹치듯이 바느질한다.

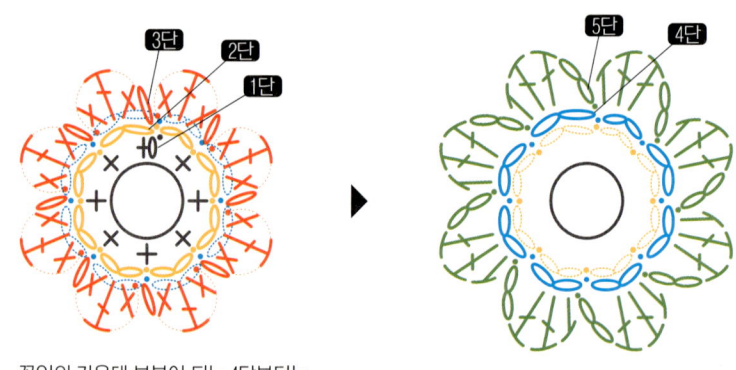

꽃잎의 가운데 부분이 되는 4단부터는
꽃잎 첫 단 뒷면에서 연결해 뜬다.

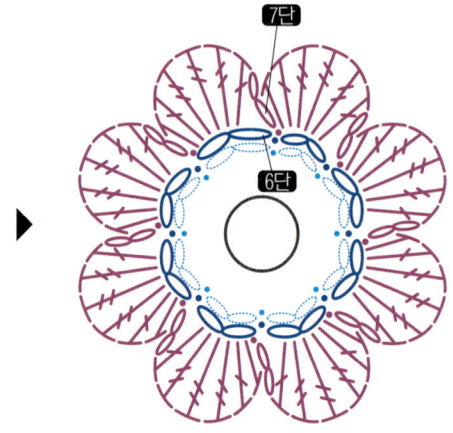

꽃잎의 마지막 부분이 되는 6단부터는
꽃잎 4단 뒷면에서 연결해 뜬다.

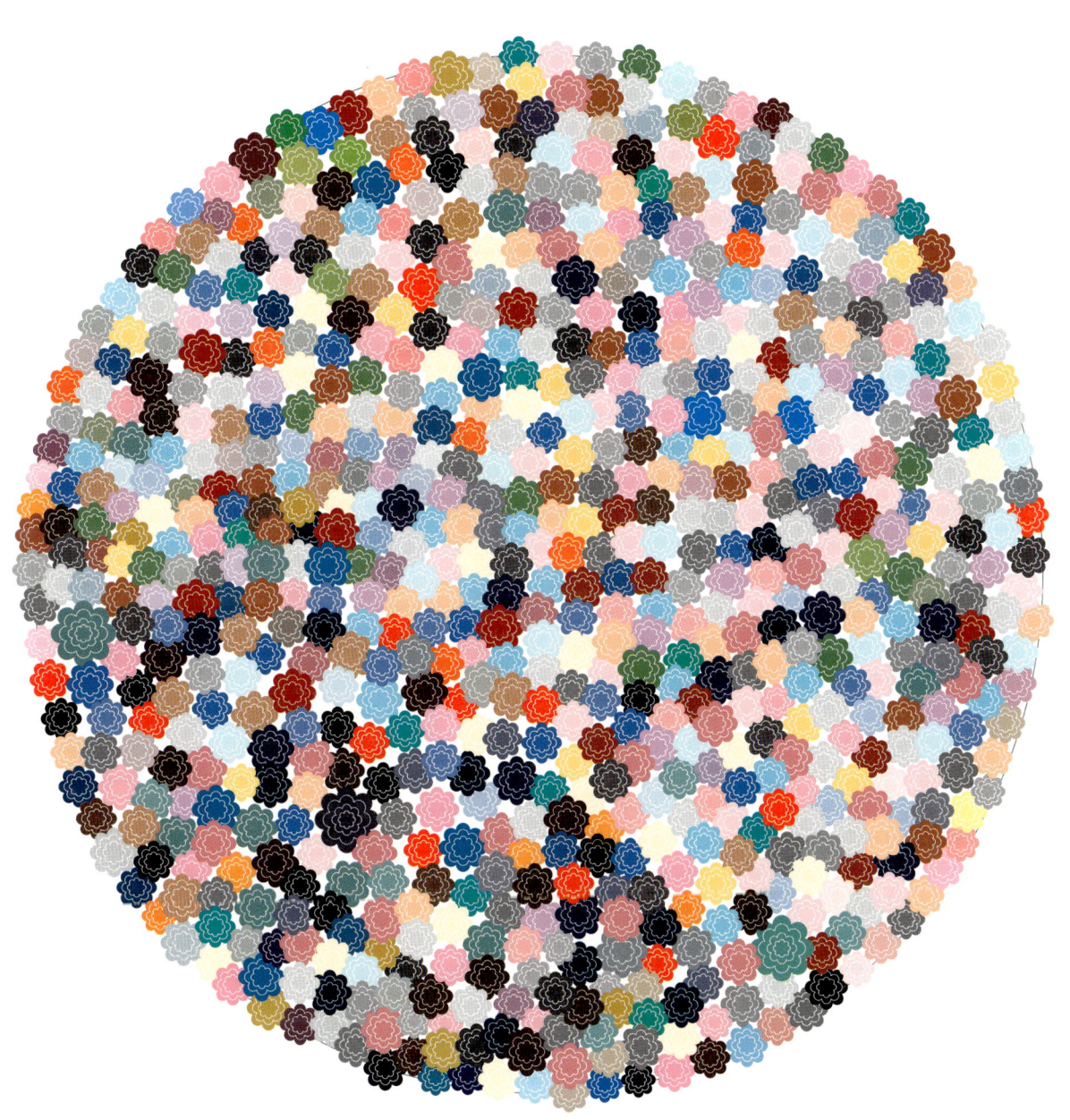

양말 빗자루

재료 | 연한 미색 모사 100g, 갈색 모사 50g, 갈색·흰색 수실 약간씩, 대바늘 4호, 돗바늘

이렇게 만드세요

1 본체는 연한 미색 실로 105단까지 뜬다. 이때 64단째 뒤꿈치 22코를 다른 색깔 실로 1단 뜬다.
2 양말의 앞부분은 갈색 실로 106단부터 코를 줄여가며 뜬다.
3 뒤꿈치는 ①에서 다른 색 실로 뜬 부분을 풀어낸 후 총 46코를 만들어 코를 줄여가며 뜬다.
4 머리·눈·입 등을 장식한다.

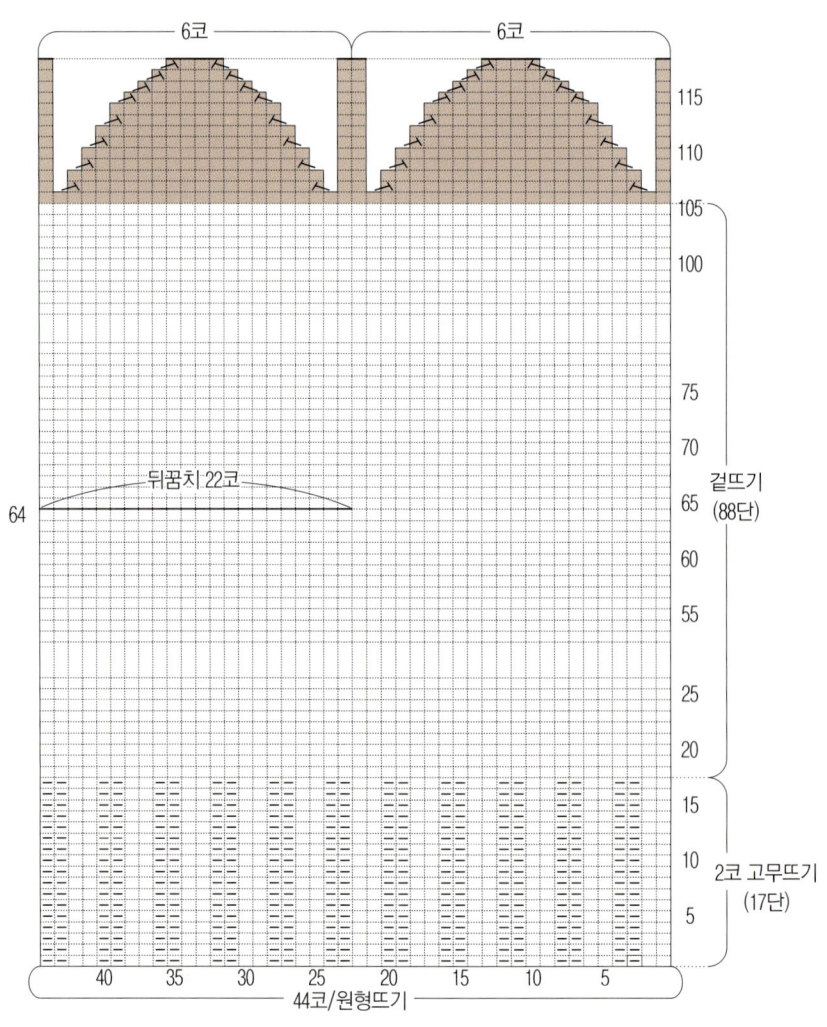

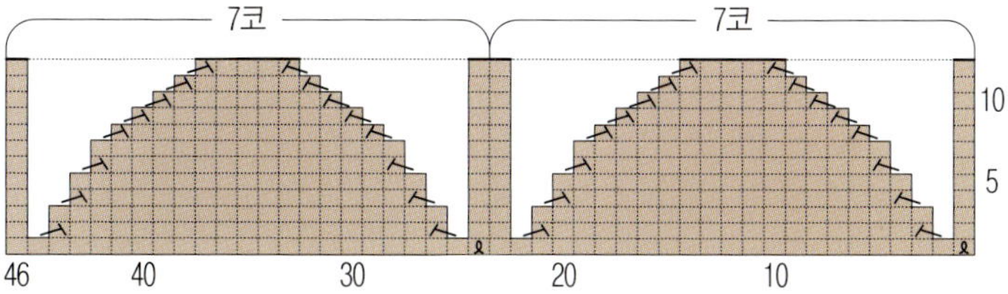

7코		7코			
				10	
				5	
46	40	30	20	10	

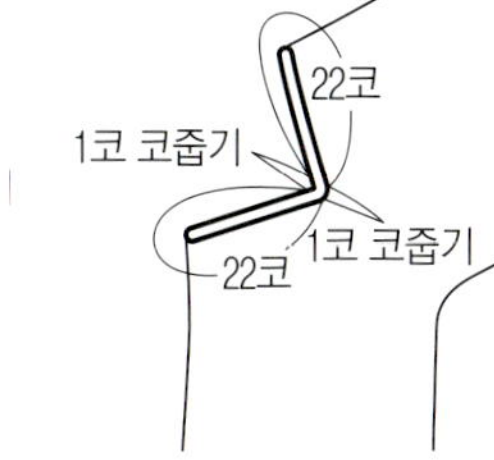

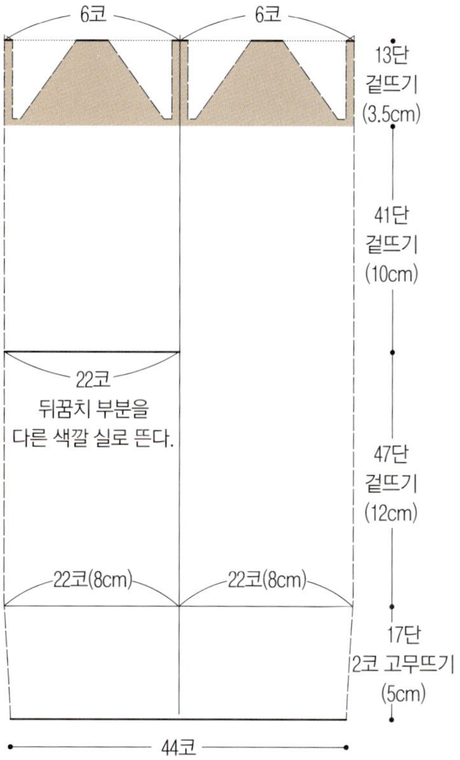

6코	6코	13단 겉뜨기 (3.5cm)
		41단 겉뜨기 (10cm)
22코 뒤꿈치 부분을 다른 색깔 실로 뜬다.		47단 겉뜨기 (12cm)
22코(8cm)	22코(8cm)	17단 2코 고무뜨기 (5cm)
44코		

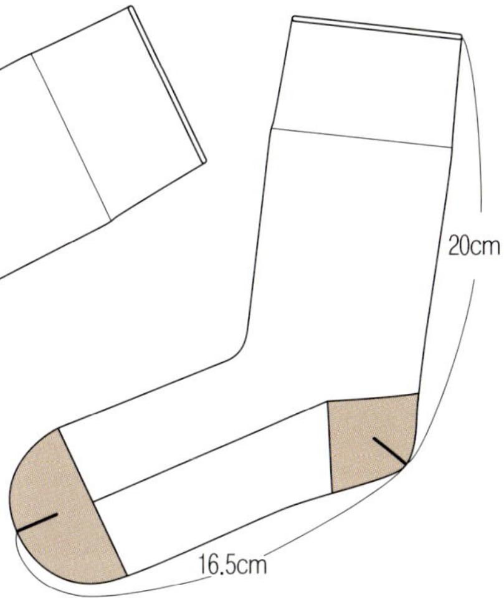

1코 코줍기 — 22코
1코 코줍기 — 22코

20cm
16.5cm

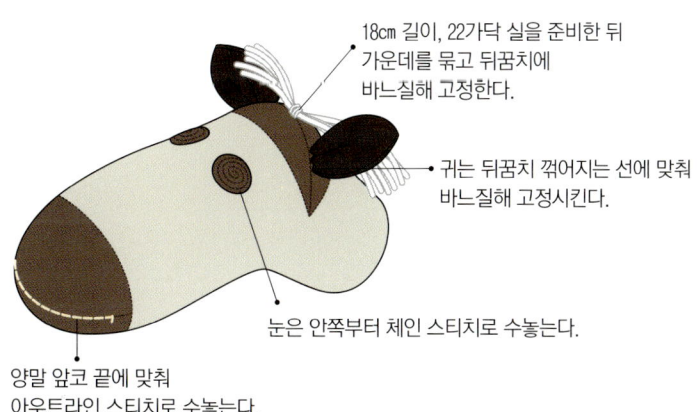

18cm 길이, 22가닥 실을 준비한 뒤 가운데를 묶고 뒤꿈치에 바느질해 고정한다.

귀는 뒤꿈치 꺾어지는 선에 맞춰 바느질해 고정시킨다.

눈은 안쪽부터 체인 스티치로 수놓는다.

양말 앞코 끝에 맞춰 아우트라인 스티치로 수놓는다.

컵 커버

재료 | 연한 베이지색 모사 · 진한 베이지색 모사 · 밤색 모사 10g씩, 대바늘 8호

이렇게 만드세요

1. 30코를 잡아 원형뜨기로 시작한다.
2. 메리야스뜨기로 4단을 뜬다.
3. 5단은 안뜨기, 6~15단까지는 가터뜨기를 한다.
4. 나머지 3단은 메리야스뜨기 2단을 뜨고 마지막 겉뜨기 1단을 뜨면서 코 막음한다.

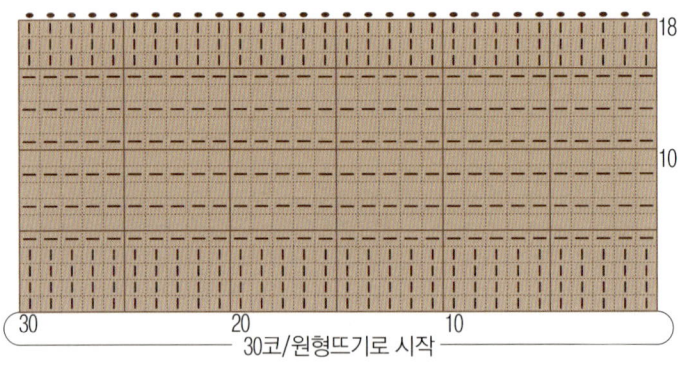

, = 겉뜨기

— = 안뜨기

※ 메리야스뜨기 : 겉뜨기와 안뜨기를 단마다 번갈아가며 뜨는 것.(도안   )

※ 가터뜨기 : 각 단마다 겉뜨기를 하는 것.(도안   )

컵 받침

재료 | 다양한 색상의 아크릴사 약간씩, 5/0호 코바늘

이렇게 만드세요

1. 그림의 도안 패턴을 참고해 원하는 색상의 실을 선택한다.
2. 그림의 도안을 참고해 빼뜨기 없이 나선형으로 뜬다.

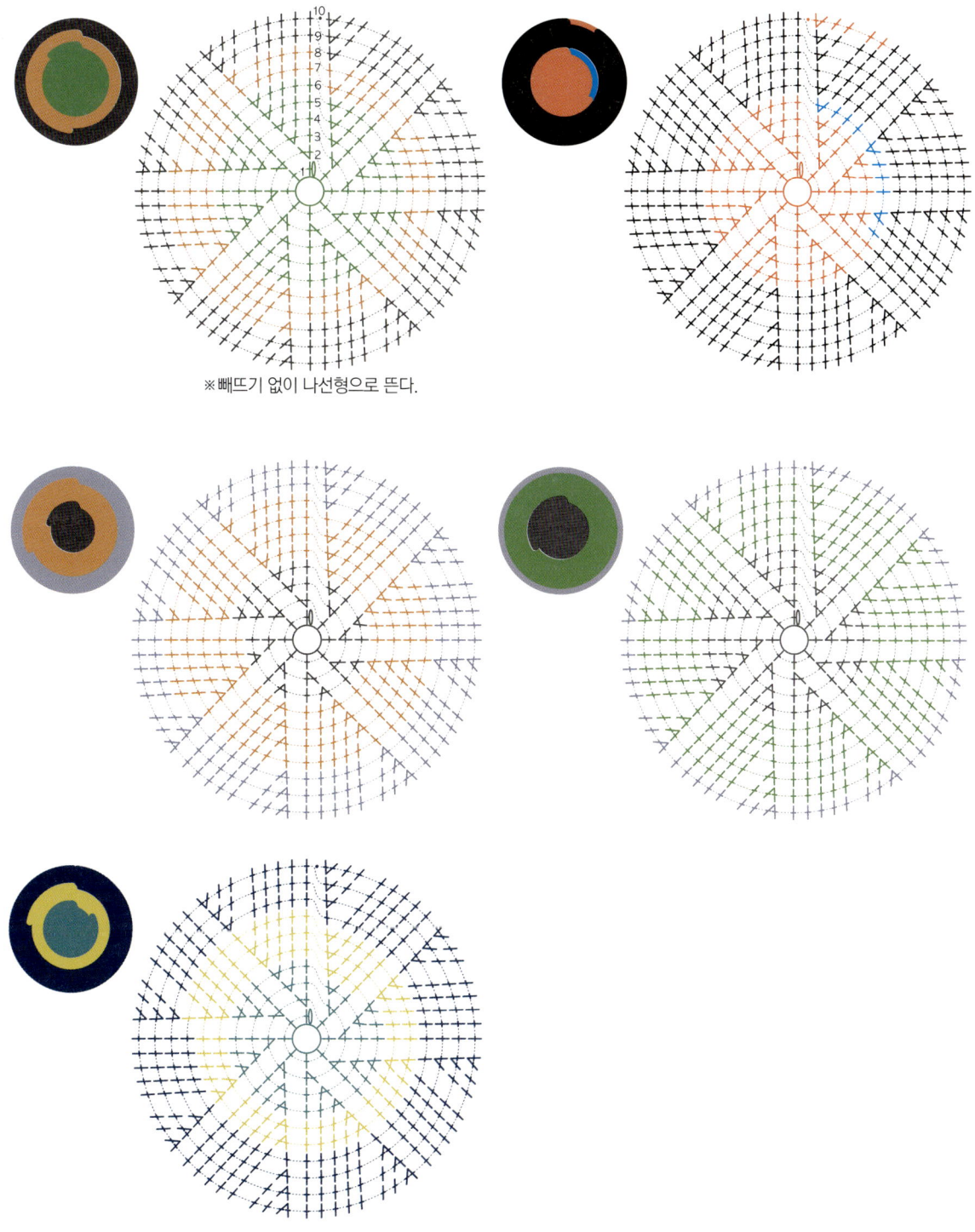

※ 빼뜨기 없이 나선형으로 뜬다.

병 커버

재료 | 주황색 모사 · 블루 모사 약간씩, 3/0호 코바늘

이렇게 만드세요

1. 1단은 원형 고리에 사슬뜨기(3), 한길긴뜨기(11), 빼뜨기(1)를 뜬다.
2. 2단은 사슬뜨기(3), 한길긴뜨기(1), 한길긴뜨기(2)×11회, 빼뜨기(1)를 뜬다.
3. 3단은 사슬뜨기(1), 짧은뜨기(1), 짧은뜨기 2번 1코에서 늘려뜨기, 〈짧은뜨기(1)+짧은뜨기 2번 1코에서 늘려뜨기〉×11회, 빼뜨기(1)를 뜬다.
4. 4~23단은 코마다 짧은뜨기 1코씩 23단까지 뜬다.
5. 24단은 사슬뜨기(1), 짧은뜨기(1), 한길긴뜨기(1), 짧은뜨기(1), 〈짧은뜨기(1)+한길긴뜨기(1)+짧은뜨기(1)〉×17회, 빼뜨기(1), 사슬뜨기(10), 빼뜨기(1)를 떠 마무리한다.
6. 각 병의 커버는 원하는 색상에 따라 색을 바꿔 뜨는데, 단마다 뜨는 방식은 같다.

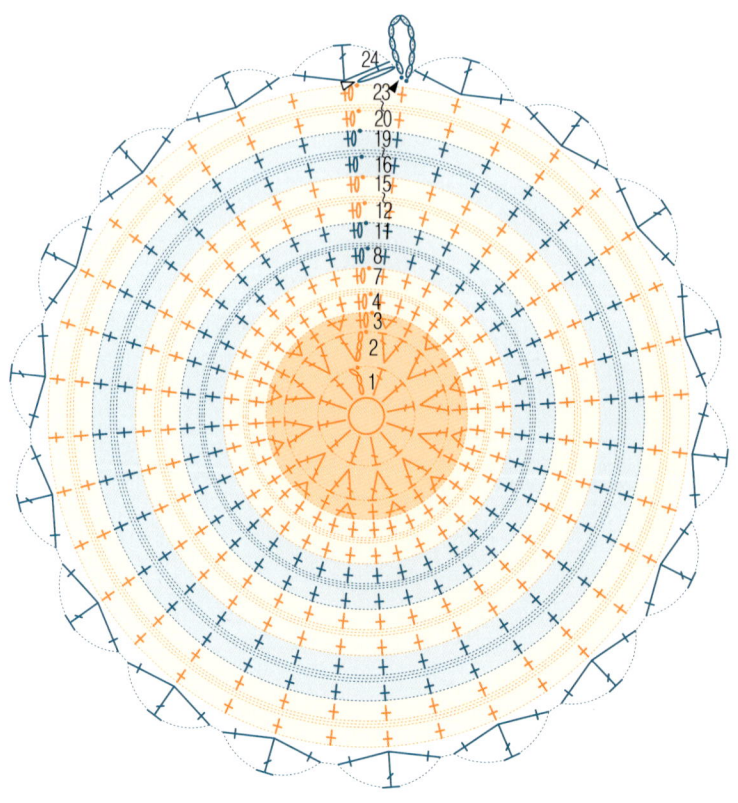

스툴 커버

재료 | 다양한 색상의 모사 50g씩, 4/0호 코바늘

이렇게 만드세요

1. 4가지 디자인 중 원하는 디자인을 골라 적당한 색실을 준비한다.
2. 커버 1~3은 모티브를 먼저 뜬 다음 이어 가장자리를 연결하고, 커버 4는 커버 전체가 하나의 모티브로 연결되는 방식으로 뜬다.
3. 커버하고자 하는 스툴 크기에 따라 모티브 개수와 크기를 조절한다.

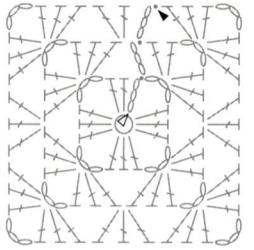

〈커버 1〉

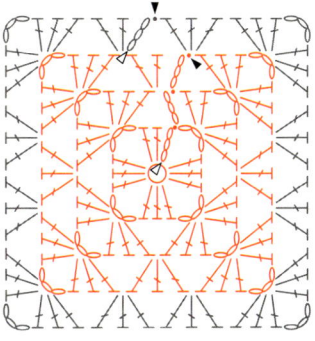

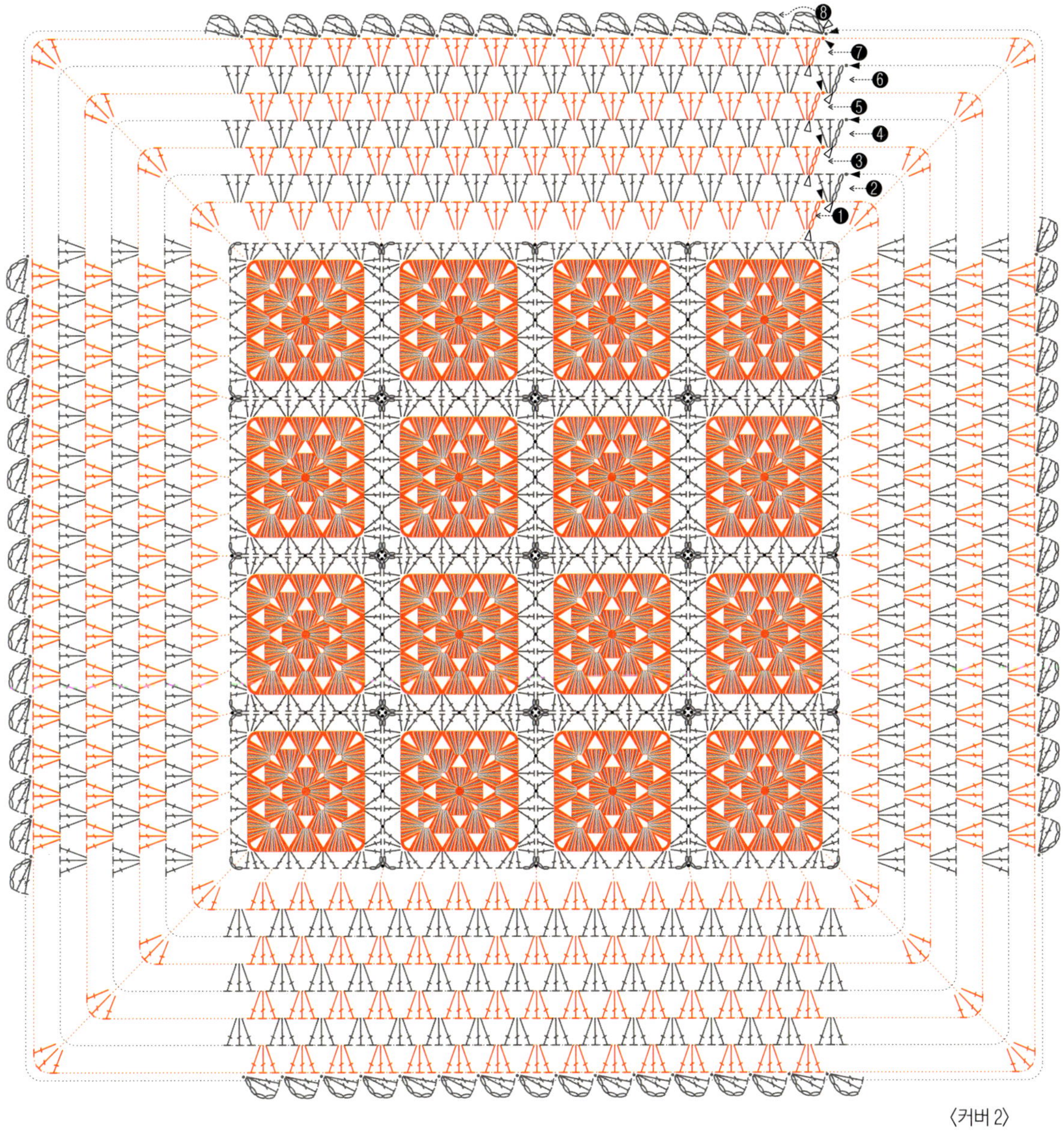

〈커버 2〉

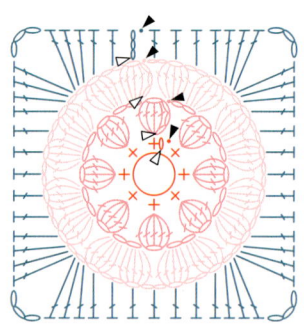

〈커버 3〉

240

〈커버 4〉

옷걸이 커버

재료 | 보라색 모사 · 회색 모사 20g씩, 5/0호 코바늘

이렇게 만드세요

1. 〈사슬뜨기(5)+빼뜨기(1)〉로 원형 고리를 완성한 후 〈사슬뜨기(3)+한길긴뜨기(2)+사슬뜨기(2)+한길긴뜨기(3)〉로 기둥코를 만들며 그림과 같이 40단을 뜬다.
2. 1단 쪽 기둥코에서 실을 걸어 가장자리 1단을 떠 마무리한다. 같은 모양을 2장 뜬다.
3. 옷걸이와 완성한 모티브 2장을 준비한다.
4. 모티브를 4분의 3 정도 이은 뒤 옷걸이를 끼우고 나머지는 빼뜨기로 마무리한다.

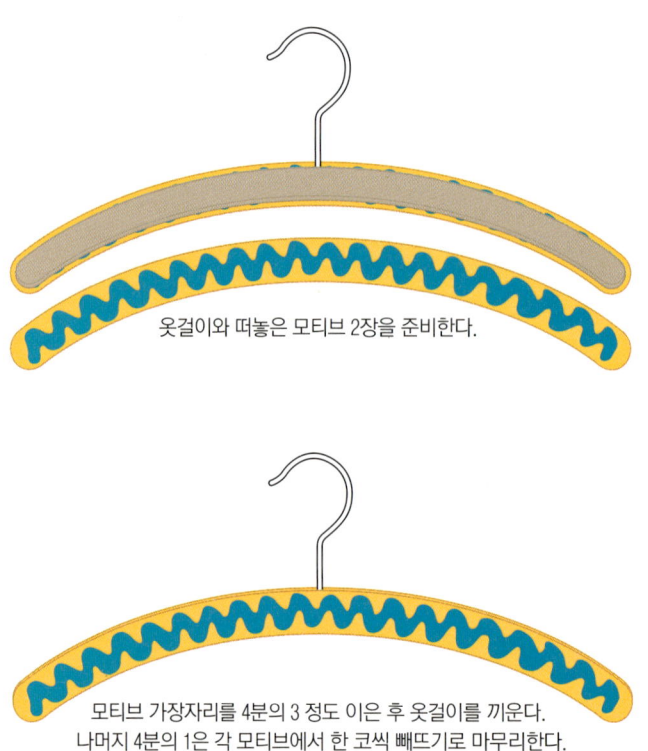

옷걸이와 떠놓은 모티브 2장을 준비한다.

모티브 가장자리를 4분의 3 정도 이은 후 옷걸이를 끼운다.
나머지 4분의 1은 각 모티브에서 한 코씩 빼뜨기로 마무리한다.

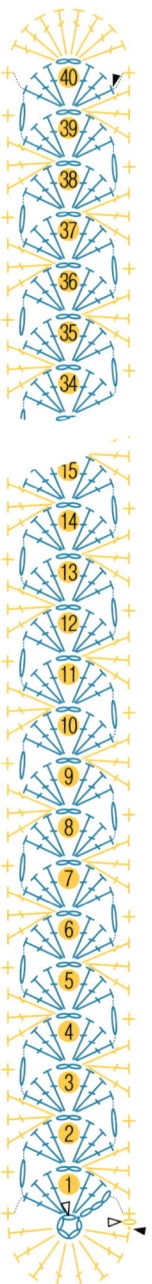

여분용 휴지 걸이

재료 | 빨간색 모사 · 회색 모사 30g씩, 3/0호 코바늘, 리본테이프 약간

이렇게 만드세요

1 사슬뜨기 11코로 시작한다.
2 1단은 기둥코로 사슬뜨기(3), 한길긴뜨기(2), 사슬뜨기(3), 한길긴뜨기(3), 빼뜨기(5), 한길긴뜨기(3), 사슬뜨기(3), 한길긴뜨기(3)를 뜬 다음 사슬뜨기 3코로 단을 올린다.
3 2단은 한길긴뜨기(3), 사슬뜨기(3), 한길긴뜨기(3), 사슬뜨기(8), 한길긴뜨기(3), 사슬뜨기(3), 한길긴뜨기(3)를 뜬 다음 사슬뜨기(3)로 단을 올린다.
4 3단은 한길긴뜨기(3), 사슬뜨기(3), 한길긴뜨기(3), 사슬뜨기(7), 한길긴뜨기(3), 사슬뜨기(3), 한길긴뜨기(3)를 뜬 다음 사슬뜨기(3)로 단을 올린다.
5 4단은 한길긴뜨기(3), 사슬뜨기(3), 한길긴뜨기(3), 사슬뜨기(6), 한길긴뜨기(3), 사슬뜨기(3), 한길긴뜨기(3)를 뜬 다음 사슬뜨기(3)로 단을 올린다.
6 5단은 한길긴뜨기(3), 사슬뜨기(3), 한길긴뜨기(3), 사슬뜨기(7), 한길긴뜨기(3), 사슬뜨기(3), 한길긴뜨기(3)를 뜬 다음 사슬뜨기(3)로 단을 올린다.
7 6단은 한길긴뜨기(3), 사슬뜨기(3), 한길긴뜨기(3), 사슬뜨기(4)를 뜬 다음 2~5단의 사슬뜨기 줄을 함께 걸어 빼뜨기(1), 사슬뜨기(4), 한길긴뜨기(3), 사슬뜨기(3), 한길긴뜨기(3)를 뜬 다음 사슬뜨기(3)로 단을 올린다.
8 7단은 한길긴뜨기(3), 사슬뜨기(3), 한길긴뜨기(3), 사슬뜨기(6), 한길긴뜨기(3), 사슬뜨기(3), 한길긴뜨기(3)를 뜬다.
9 ②~⑧ 과정을 11회 반복한다.
10 가장자리는 회색 실을 걸어 그림의 도안으로 마무리한다.
11 리본테이프를 가운데 부분에 끼우고 반으로 접어 테이프를 묶는다.

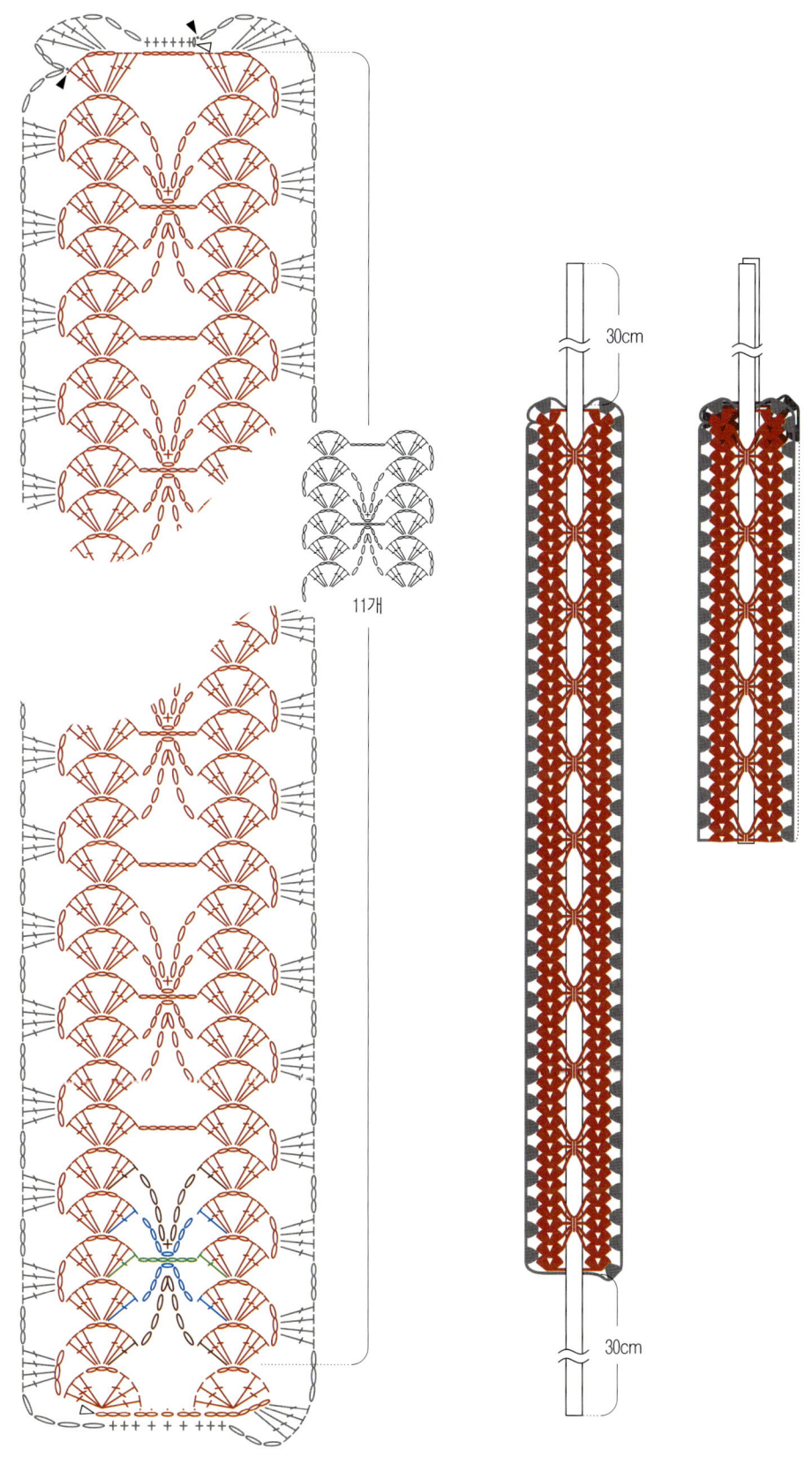

11개

성탄 장식 갈런드

재료 | 다양한 색상의 모사 약간씩, 초록색 모사 · 갈색 모사 적당량씩, 3/0호 코바늘, 아이보리색 펠트 천 · 장식용 레이스 · 리본테이프 · 가는 철사 약간씩

이렇게 만드세요

1 다양한 색상의 실을 준비해 사각형 모티브를 원하는 수만큼 각각 완성한다.
2 초록색과 갈색 실을 준비해 나무 모양 모티브를 완성한다.
3 펠트 천 안쪽에 새 모양을 그리고 오린 뒤 레이스 등을 덧대 장식한다.
4 리본 테이프에 각 모티브와 새 장식을 엮어 크리스마스용 갈런드를 완성한다.

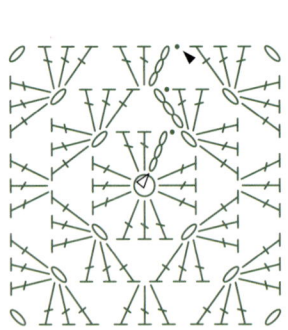
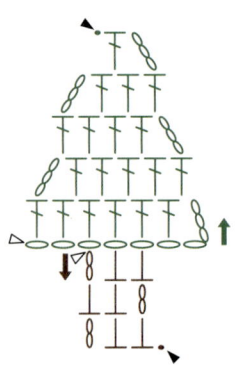

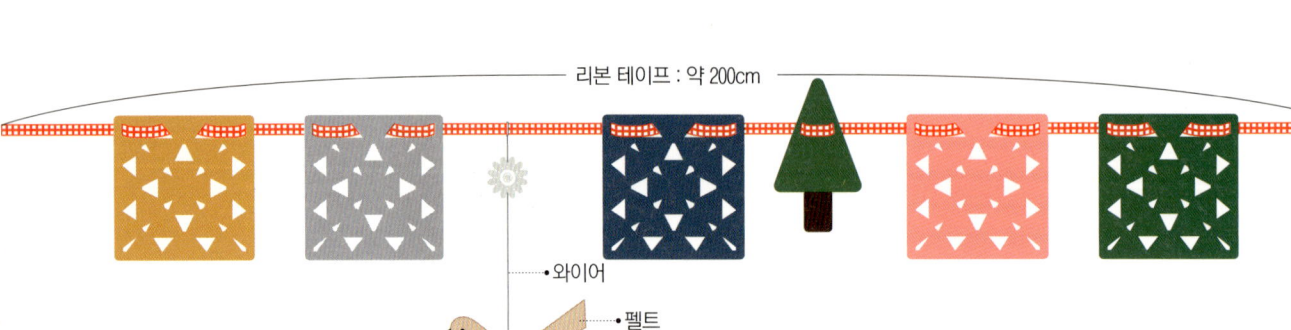

캠핑용 갈런드

재료 | 재활용 면 원단 2마, 대바늘 13호

이렇게 만드세요

1 재활용 원단은 결을 따라 3㎝ 폭으로 자르거나 찢어 준비한 다음 원단을 묶어 실처럼 길게 잇는다.
2 ①의 원단으로 만든 실은 대바늘을 이용해 20코를 잡는다.
3 겉뜨기로 20코 1단을 뜬다.
4 2단부터 20단까지 2단마다 2코씩 줄여가며 가터뜨기를 해 삼각형 모양을 완성한다. 필요에 따라 원하는 양만큼 만들어 갈런드를 완성한다.

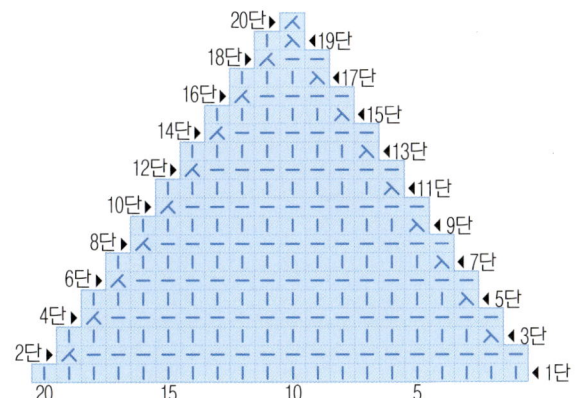

세 가지 스타일 가방

재료 | 연한 황토색 모사 100g, 안감용 면 반 마, 대바늘 12호, 재활용 가죽 벨트, 싸개 단추, 단추 고리용 끈, 돗바늘

이렇게 만드세요

1 그림의 도안을 참고해 대바늘로 겉감을 뜬다.
2 준비한 안감은 완성한 겉감보다 약간 작은 크기로 준비한 다음 세로로 반 접어 양 옆선을 박음질한다.
3 겉감(안)에 단추 고리를 고정시킨다.
4 겉감(안)과 안감(안)을 포갠 뒤 가방 입구 부분의 안감을 1cm 접어 넣고 공그르기한다.
5 겉감(겉)에 싸개 단추와 가방 끈을 달아 완성한다.

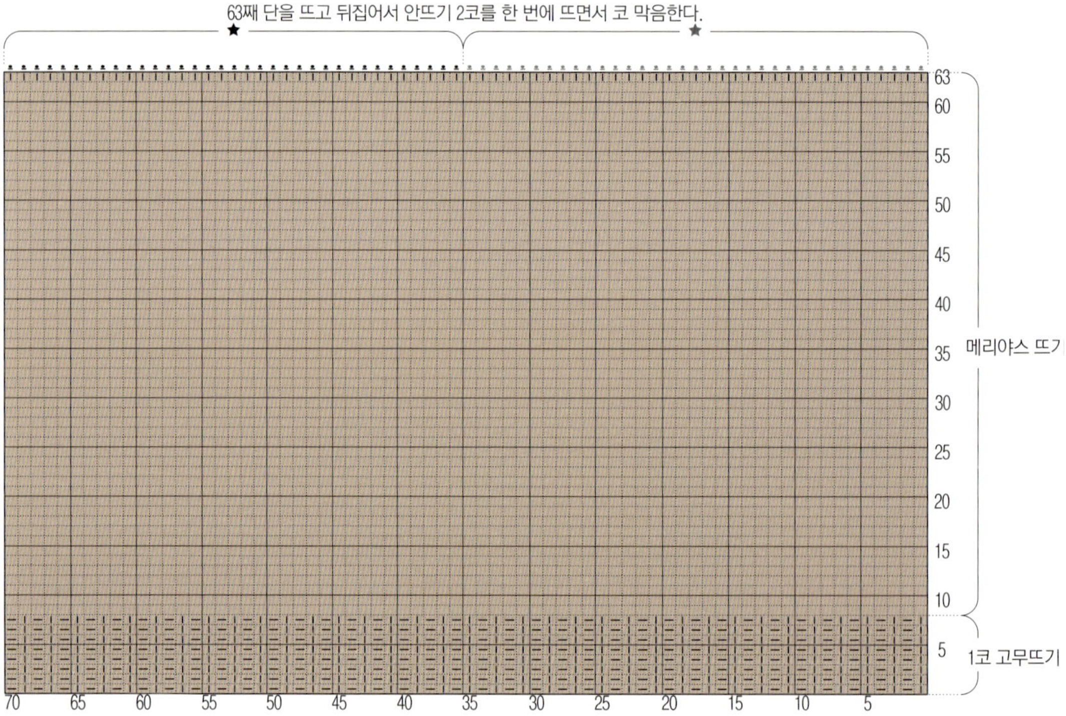

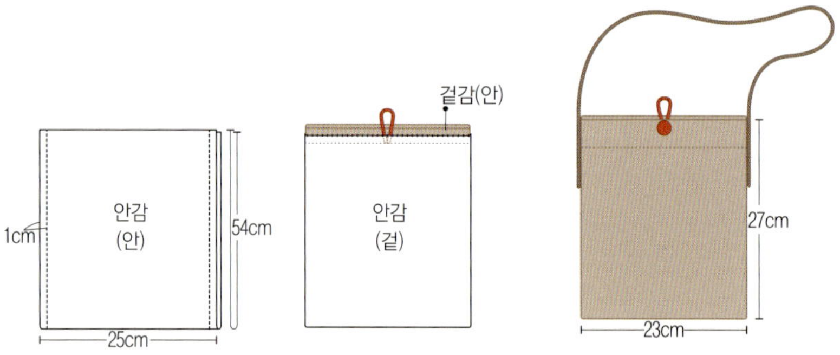

63째 단을 뜨고 뒤집어서 안뜨기 2코를 한 번에 뜨면서 코 막음한다.

메리야스 뜨기
1코 고무뜨기

초간단 브로치

재료 | 브로치 1(3가지 색상의 모사 적당량씩, 장식용 펜던트)
　　　브로치 2(파란색 · 베이지색 계열 모사 적당량씩)
　　　브로치 3(파란색 · 보라색 · 베이지 색 등 다양한 색상의 모사 적당량씩)
　　　브로치 4(회색 · 주황색 · 청록색 모사 적당량씩), 3/0호 코바늘,
　　　　　브로치용 핀, 둥근 링

이렇게 만드세요

〈브로치 1〉

1 원하는 3가지 색실을 선택한 다음 도안(250쪽)과 같이 짧은뜨기로 뜬다. 이때 단을 넘어갈 때 빼뜨기 없이 나선형으로 뜬다.
2 모티브에 둥근 링을 끼워 펜던트를 단다.
3 핀에 글루건으로 모티브를 고정한다.

〈브로치 2〉

1 핀에 실을 걸어 도안(250쪽)과 같이 짧은뜨기 15코를 뜬다.
2 한길긴뜨기로 원형 모티브 1단을 뜨고 빼뜨기 한 뒤 이어서 사슬뜨기를 한다.
3 ①에서 떠놓은 짧은뜨기에 빼뜨기를 해서 사슬뜨기를 연결한다.

〈브로치 3〉

1 모티브는 사슬뜨기로 뜬 줄을 돌돌 말아서 만든다(251쪽).
2 모티브에 실을 걸어 사슬뜨기를 하다가 핀에 실을 걸어 짧은뜨기를 하고 빼뜨기로 마무리한다.

〈브로치 4〉

1 핀에 회색 실을 걸어 사슬뜨기(1), 짧은뜨기(10), 빼뜨기(1)를 뜬 뒤 실을 자른다(251쪽).
2 핀에 오렌지색 실을 걸어 ①과 같은 방법으로 뜬다.
3 청색 실을 14cm 길이로 잘라 반으로 접어 핀에 걸어 그림과 같이 매듭 짓는다.

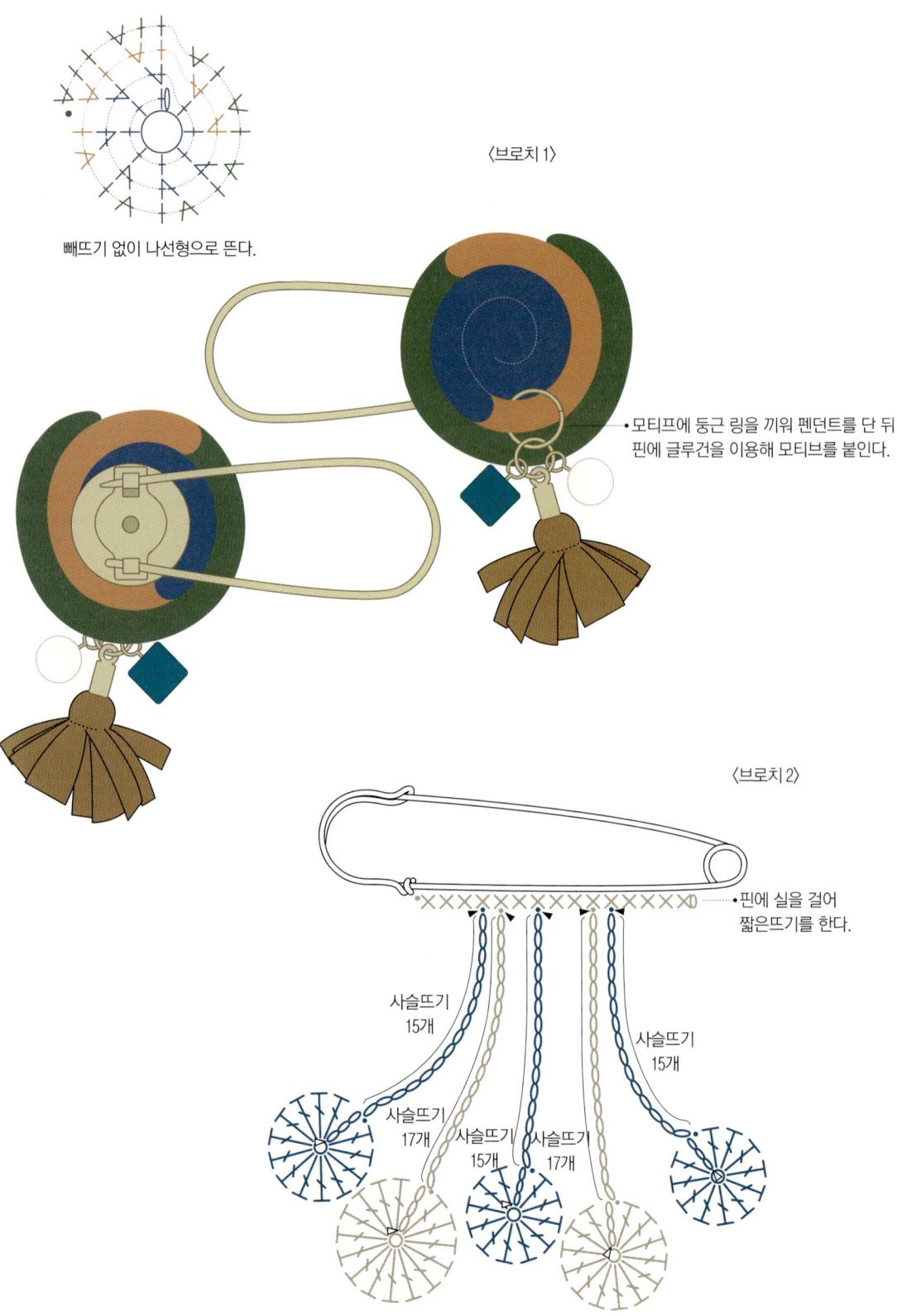

〈브로치 3〉

사슬뜨기를 해 돌돌 만다.
중간 중간 바느질해 풀리지 않게 고정한다.

지름:3.5cm

지름:2.5cm

지름:3cm

지름:3cm

지름:1cm

꽃잎은 아이코드 뜨기(3)로 줄을 만들어
꽃 중앙을 기준으로 지그재그로 섞어가며
바느질로 고정한다(252줄 뜨기 방법 참고).

〈브로치 4〉

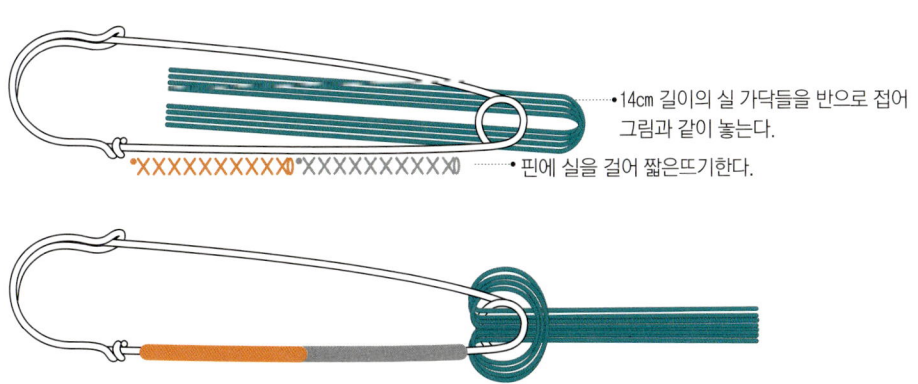

• 14cm 길이의 실 가닥들을 반으로 접어
그림과 같이 놓는다.

• 핀에 실을 걸어 짧은뜨기한다.

251

다재다능 목걸이&팔찌

재료 | 검은색 모사 · 핑크색 계열 모사 · 회색 모사 · 파란색 모사 적당량씩, 3/0호 코바늘, 대바늘 2호, 단추(자유 선택)

이렇게 만드세요

1 목걸이 1과 2, 그리고 팔찌의 줄은 그림의 도안을 참고한다.
2 목걸이 1은 원하는 색상의 실을 선택해 그림의 치수대로 2줄을 뜬 뒤 단추를 달아 장식 겸 고정시킨다.
3 목걸이 2는 목걸이 1과 같은 방법으로 줄을 뜬 다음 군데군데 모티브를 달아 완성한다.
4 팔찌는 목걸이와 같은 방법으로 뜬 뒤 단추를 달아 장식한다.

〈줄 뜨는 방법 : 아이코드뜨기〉

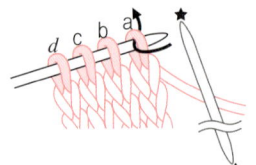 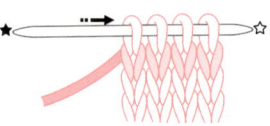 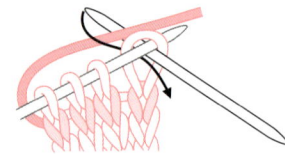

1. a,b,c,d 순서대로 겉뜨기한다.
2. ①대로 뜬 뒤 바늘의 오른쪽으로 코를 밀어 놓는다.
3. 왼쪽에 있는 실을 끌어다 겉뜨기를 시작한다.

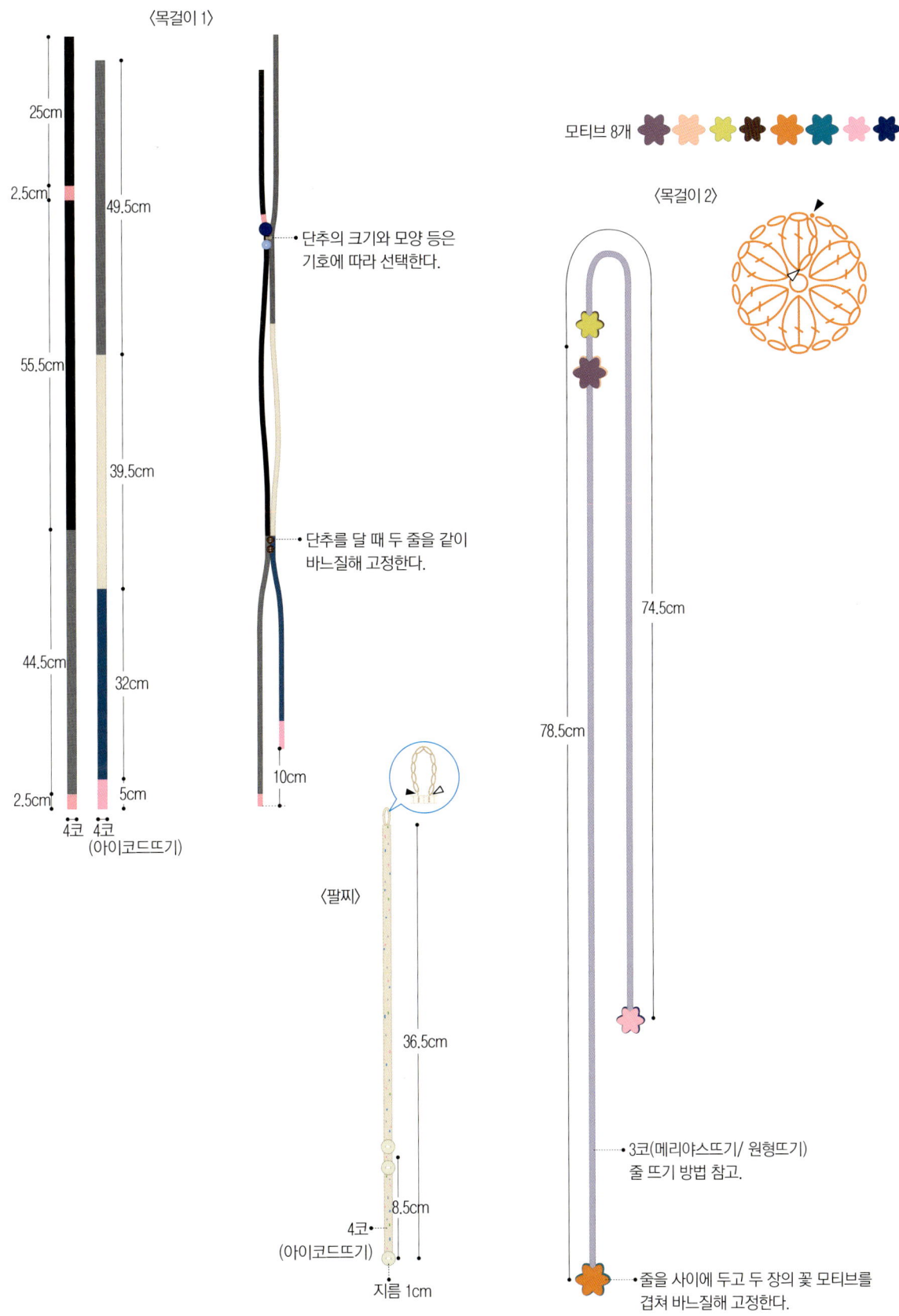

비즈 장식 목걸이

재료 | 아이보리색 모사 50g, 베이지색 모사 10g, 진주 비즈 적당량, 3/0호 코바늘

이렇게 만드세요

1 원형 고리에 그림의 도안을 참고해 꽃 모티브를 만든다.
2 모티브 중앙에 진주 비즈를 단다.
3 목걸이 줄을 완성한다.
4 표시해 놓은 줄의 두 위치에 실을 걸어 사슬뜨기와 짧은뜨기 1단, 빼뜨기로 가지를 만든다.
5 줄의 곳곳에 꽃 모티브를 바느질하여 고정한다.

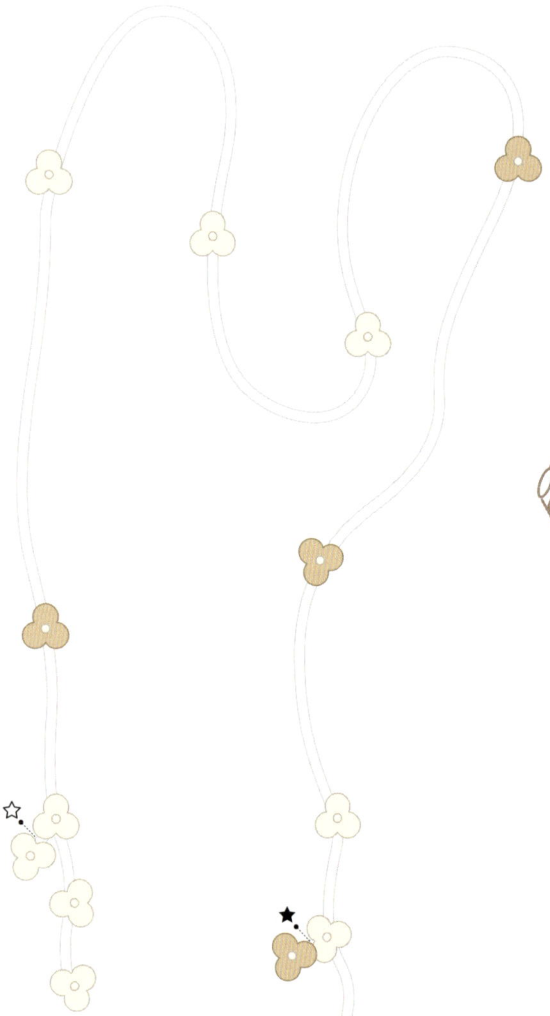

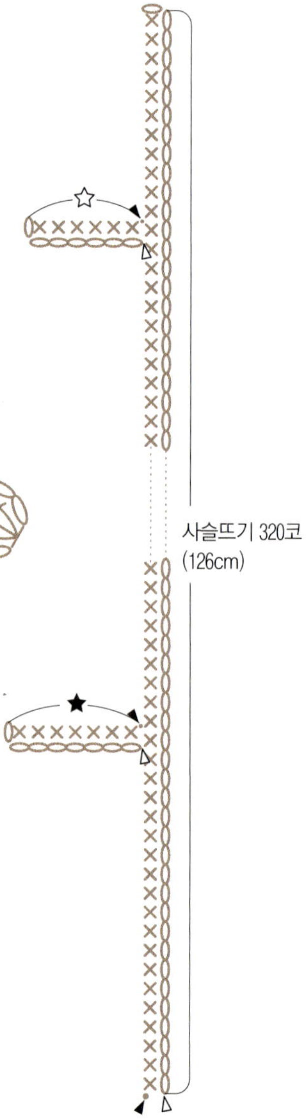

사슬뜨기 320코 (126cm)

꽃 장식 팔찌

재료 | 연한 황토색 아크릴사 · 연한 녹색 아크릴사 약간씩, 구슬 · 단추 적당량씩, 4/0호 코바늘

이렇게 만드세요

1 꽃 모티브 1단은 원형 고리에 사슬뜨기(1), 짧은뜨기(5), 빼뜨기(1)로 기둥코를 만든다.
2 2단의 꽃잎은 사슬뜨기(3), 한길긴 3코 구슬뜨기(1), 사슬뜨기(3), 빼뜨기(1)로 뜬다.
3 그림과 같이 꽃잎 5장이 만들어지면 빼뜨기로 마무리한다.
4 팔찌 줄은 그림의 도안과 같이 사슬뜨기(73), 짧은뜨기(73)×3회, 사슬뜨기(8)를 하고 빼뜨기로 고리를 만든다.
5 모티브 2장에 구슬, 단추를 바느질로 달아 완성한다.

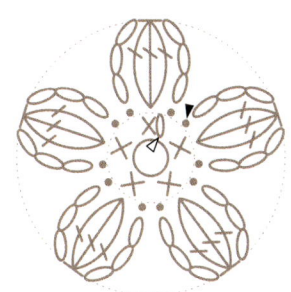

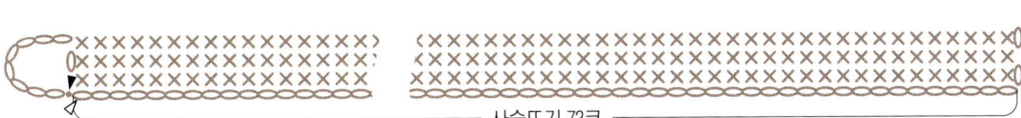

사슬뜨기 73코

코바늘 뜨개 팔찌

재료 | 연한 베이지색 리넨사 · 쑥색 리넨사 10g씩, 3/0호 코바늘

이렇게 만드세요

1 원형 고리에 사슬뜨기(2), 긴뜨기(11), 빼뜨기(1)를 해서 원형 모티브를 만든다.

2 사슬뜨기 60코를 뜨고 사슬뜨기(3)에 빼뜨기(1)를 해서 원형 고리를 만든 뒤 〈사슬뜨기(2)+긴뜨기(1)+사슬뜨기(2)+빼뜨기(1)〉를 3회 반복해 꽃 모티브를 만든다.

3 그림과 같이 계속해서 사슬뜨기와 꽃 모티브를 반복해서 뜨다가 사슬뜨기(2)를 하고, 표시된 사슬에 코바늘을 넣어 긴뜨기(11), 빼뜨기(1)를 해서 원형 모티브를 만든다.

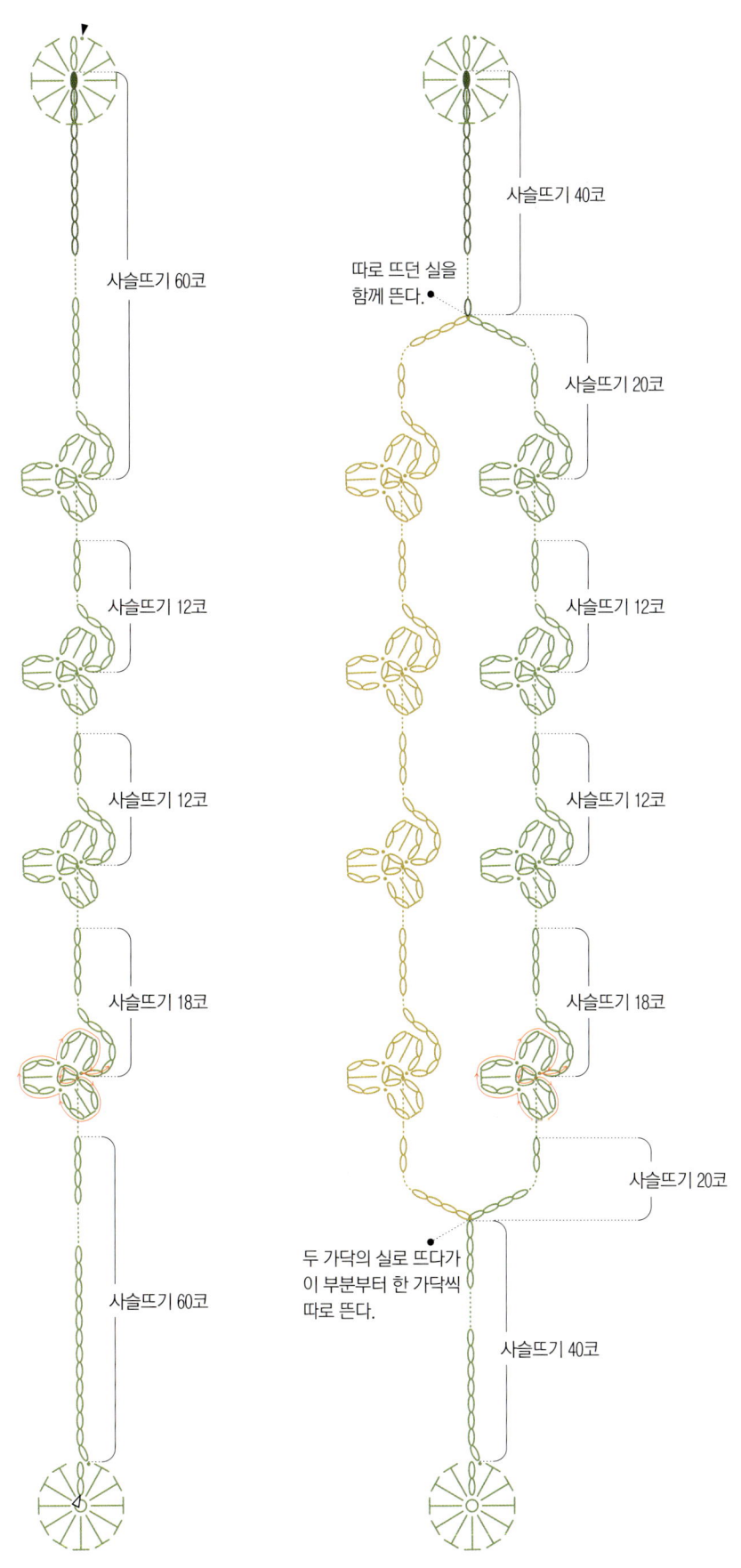

퀼트 스타일 목도리

재료 | 다양한 컬러의 자투리 실 적당량씩, 대바늘 6호, 흰색 실 약간, 돗바늘

이렇게 만드세요

1 다양한 컬러의 자투리 실을 준비한 다음 그림과 같이 메리야스뜨기로 총 4개의 편물을 뜬다.
2 편물 안쪽에서 각 편물들을 감침질로 연결한다.
3 가장자리를 흰색 실로 촘촘하게 스티치한다.

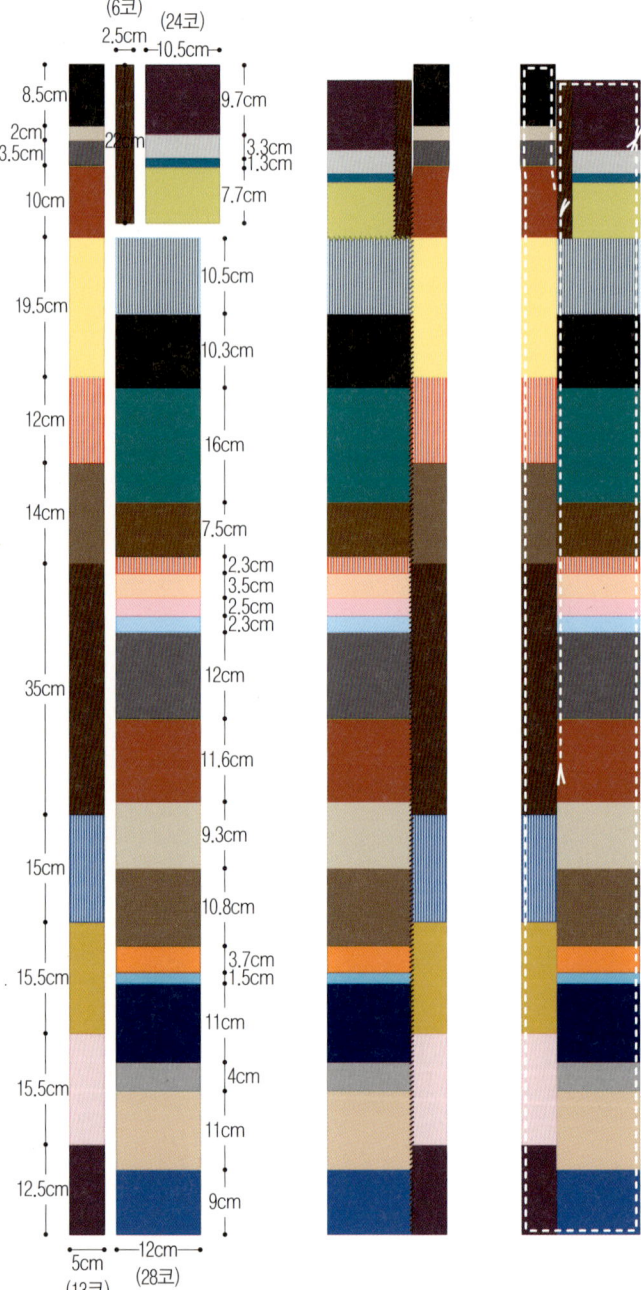

메리야스뜨기로 총 4개의 편물을 뜬다.
안뜨기 조직 쪽에서 편물들을 감침질로 연결한다.
가장자리를 흰색 실로 스티치한다.

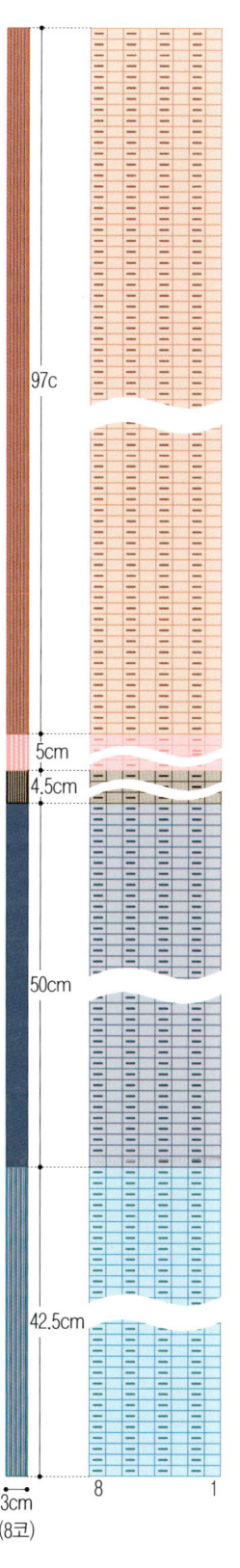

패션 목도리

재료 | 다양한 색상의 모사 적당량씩, 대바늘 8호

이렇게 만드세요

1 8코를 잡아 시작한다.
2 겉뜨기(1), 안뜨기(1)를 반복하며 계속해서 1코 고무뜨기를 한다.
3 42.5cm가 되면 다른 실을 연결해 1코 고무뜨기를 한다.
4 그림과 같이 실을 바꿔가며 계속 고무뜨기하고 가장자리는 코 막음해 완성한다.

핑크 니트 리폼 숄

재료 | 분홍색 계열 모사 · 회색 계열 모사 200g씩, 파란색 계열 모사 50g, 3/0호 코바늘, 분홍색 니트 원단 100×100cm, 돗바늘

이렇게 만드세요

1 세 가지 색상의 실을 적절하게 배합해 〈모티브 1〉을 총 27개 만든 뒤 감침질해 연결한다.

2 니트 원단을 준비한 뒤 그림과 같이 가장자리를 2단 둘러 뜬다.

3 ② 위에 연결해 놓은 ①의 모티브를 올린 후 고정한다. 이때 시침질로 임시 고정한 다음 분홍색 실로 뒷면에서 모티브 앞면으로 바늘땀이 보이지 않도록 바느질해 완성한다.

4 〈모티브 2〉 2장과 〈모티브 3〉 2장을 만들어 그림과 같은 위치에 바느질해 고정한다.

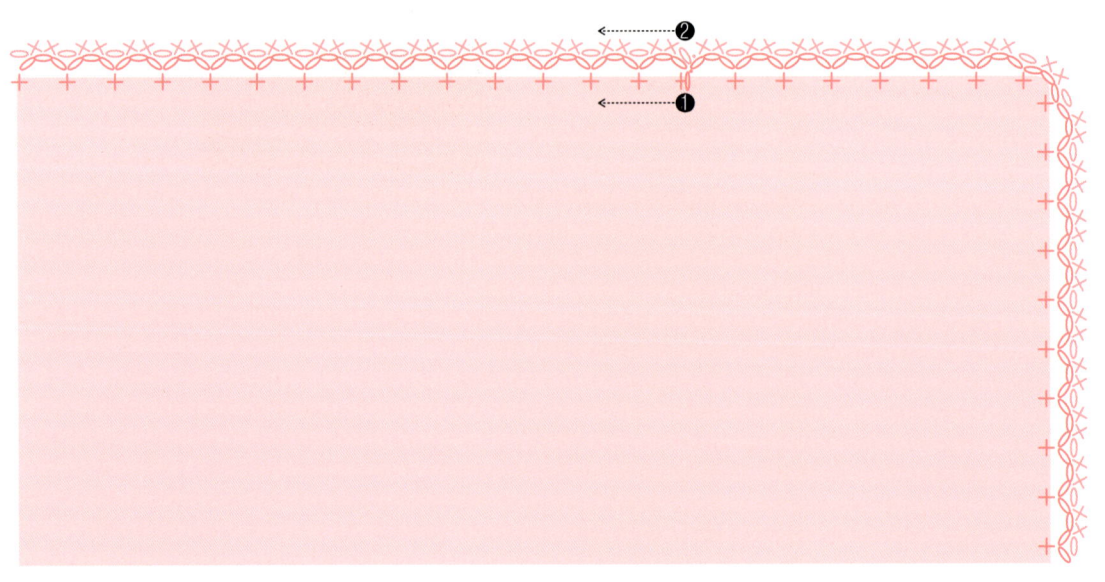

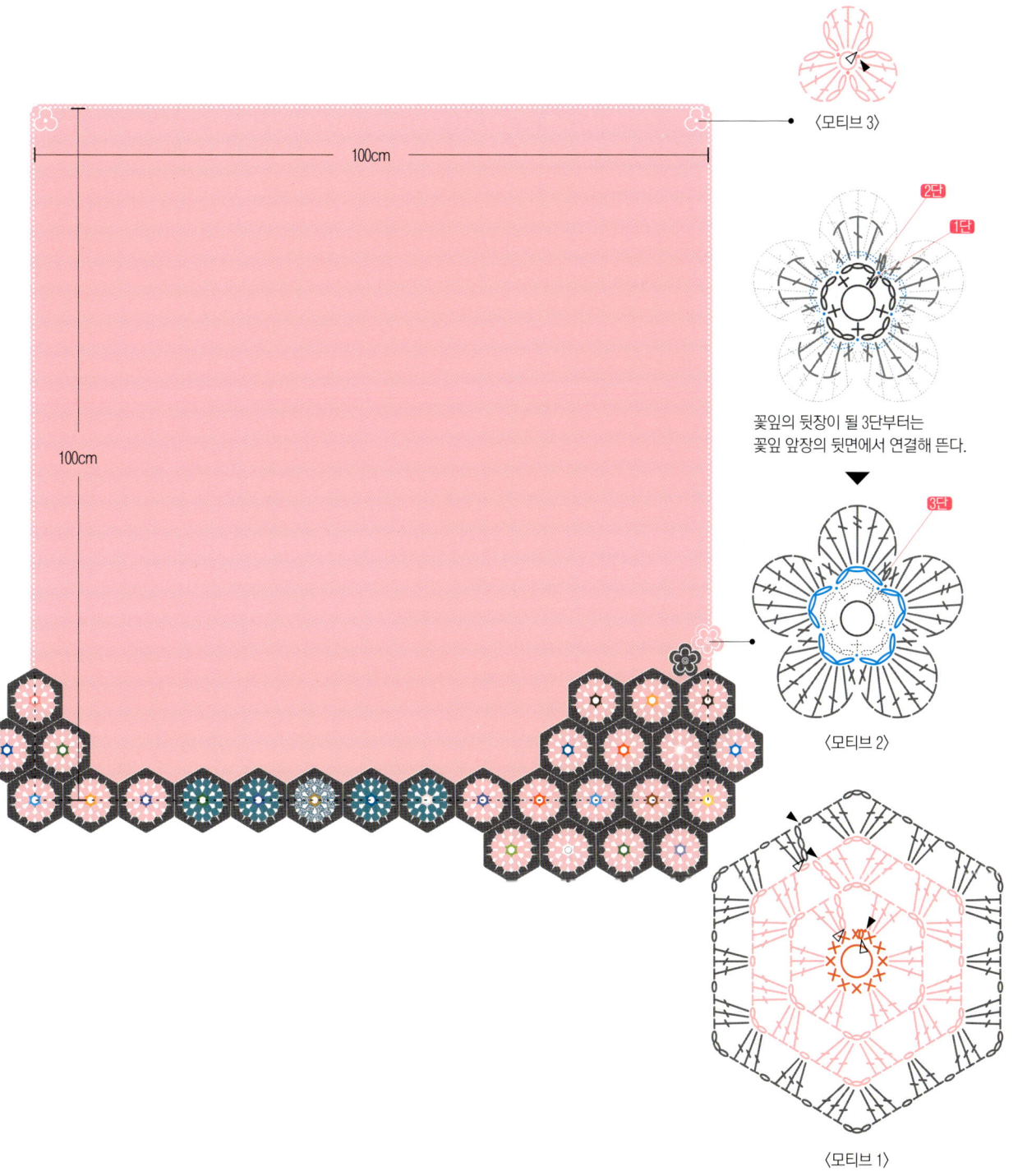

블루 팔 토시

재료 | 갈색 모사 100g, 대바늘 4호

이렇게 만드세요

1 그림의 도안을 참고해 대바늘뜨기로 완성한다.

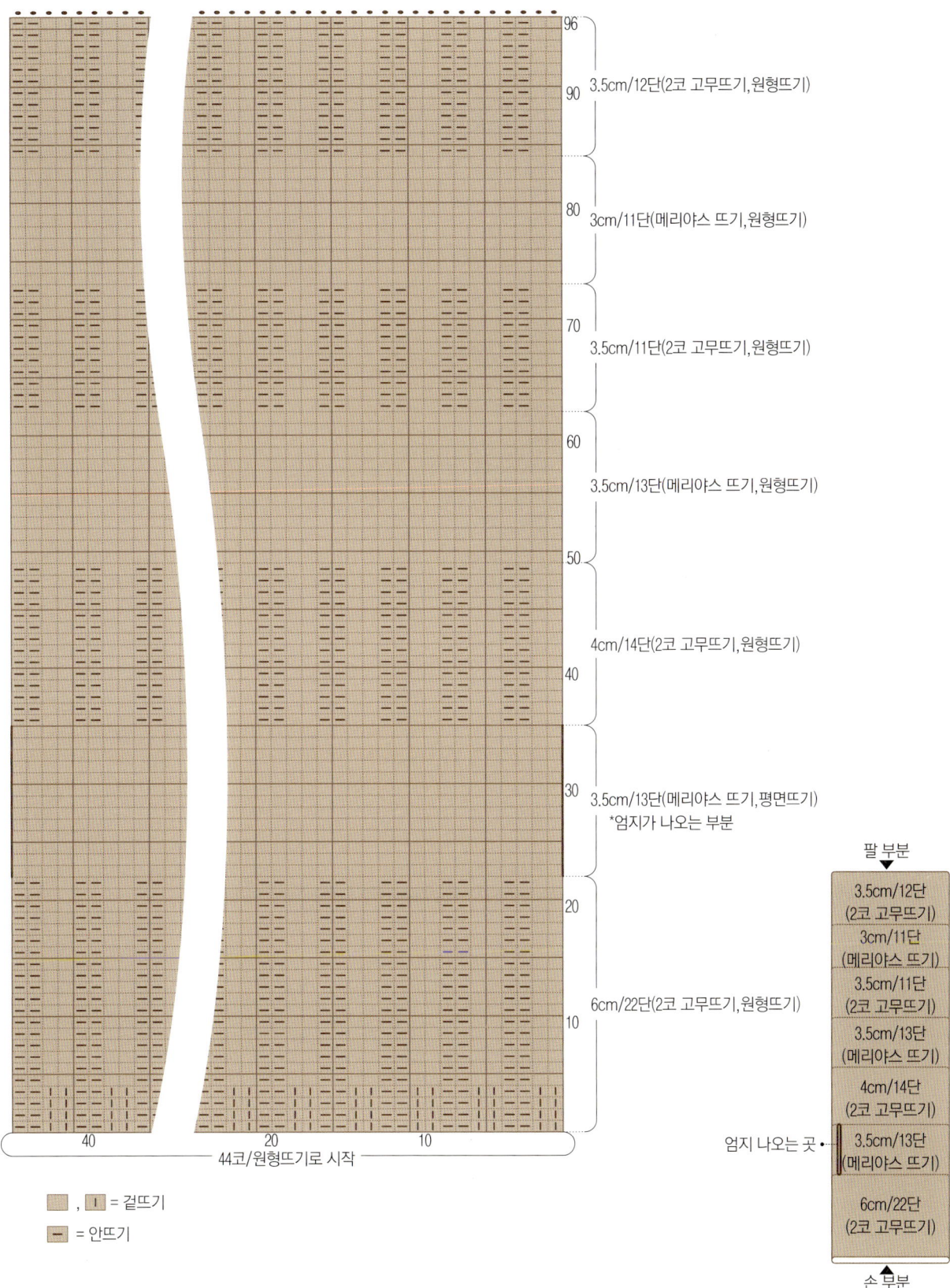

블루&아이보리 베스트

재료 | 파란색 계열 모사 200g, 회색 계열 모사 300g, 대바늘 10½호, 돗바늘

이렇게 만드세요

〈하단〉

1. 113코를 잡아 1코 고무뜨기 5단을 뜬다.
2. 도안과 같이 가터뜨기와 메리야스뜨기 44단을 뜬다.
3. 실을 바꿔 가터뜨기 2단을 뜨고 코 막음한다.

〈상단〉

1. 71코를 잡아 도안과 같이 4단에 1코씩 6회 줄여가며 24단까지 뜬다.
2. 25단부터는 3단에 1코씩 8회 줄여가며 48단까지 뜬다.
3. 49단부터는 코 줄임 없이 12단을 더 떠서 60단째에서 코 막음한다.

〈상단과 하단 연결하기〉

1. 하단 위에 상단의 위아래를 뒤집어서 겹쳐놓는다.
2. 중심에 맞추고 흰색 별 부분과 검은색 별 부분을 돗바늘로 연결해 완성한다.

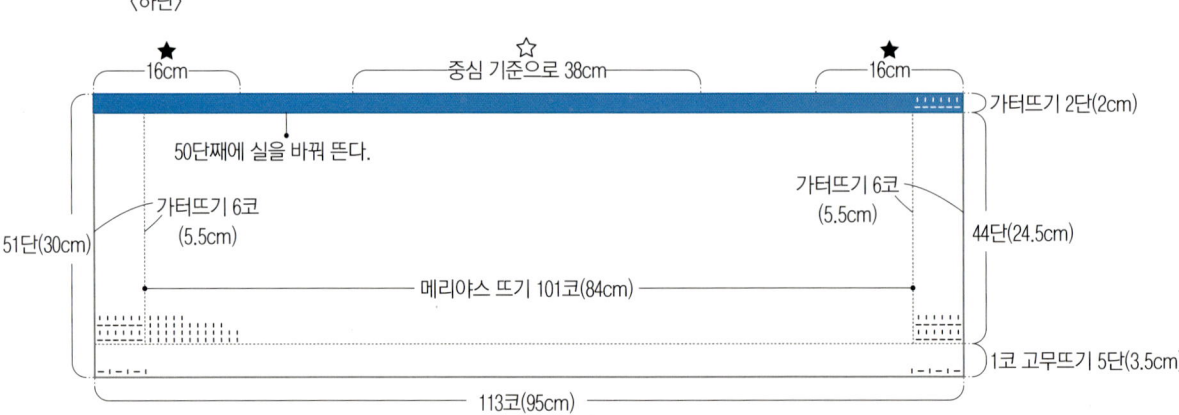

〈상단〉

☆
12단평
◀3-1-8 줄이기
3-1-8 줄이기▶
33cm
★
◀4-1-6 줄이기
4-1-6 줄이기▶
★
64cm

43코 ☆
60
48
45
42
39
36
33
30
27
24
20
16
12
8
4
1
★
★
70
65
60
55
50
45
40
35
30
25
20
15
10
5
71코로 시작

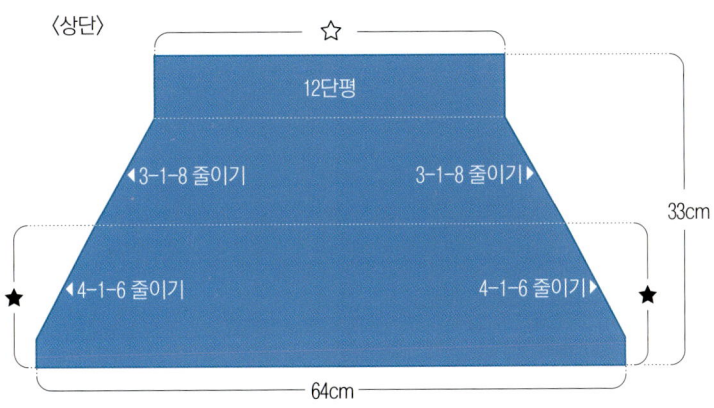

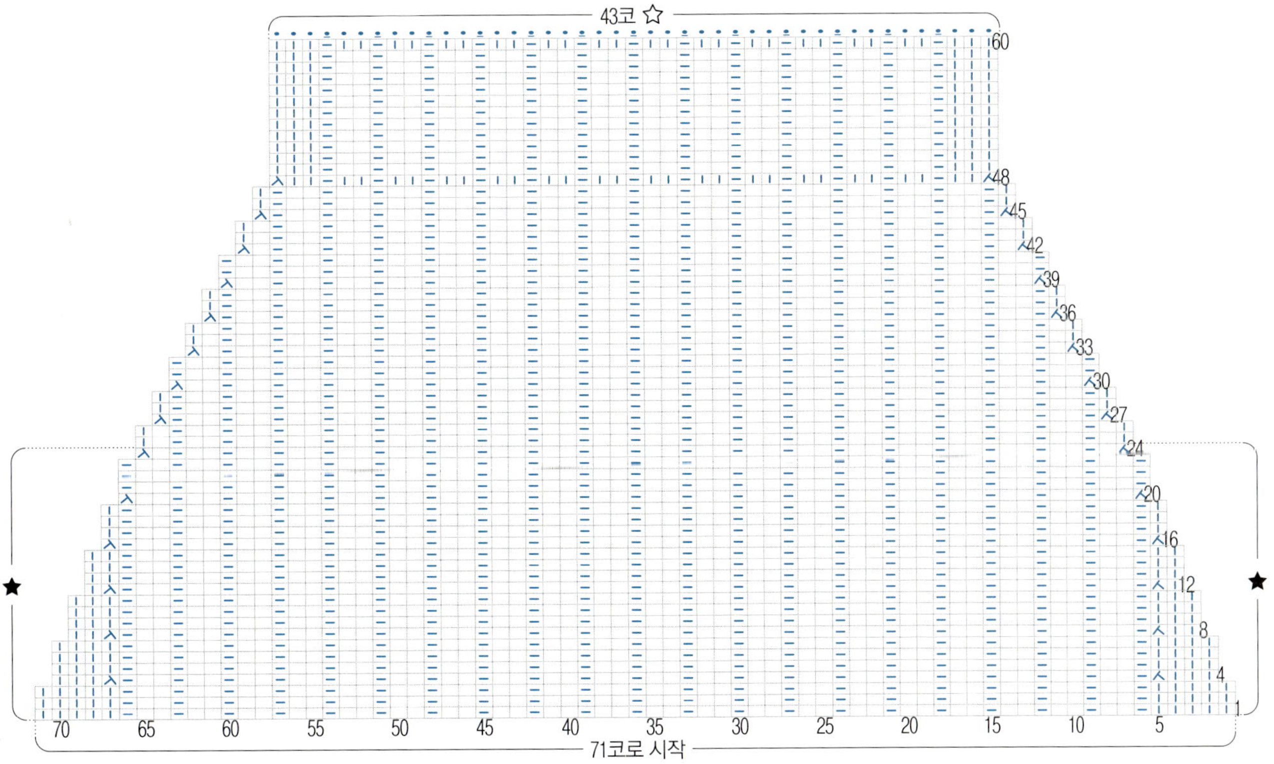

목도리 겸용 카디건

재료 | 파란색 계열 모사 200g, 5/0호 코바늘, 단추 적당량

이렇게 만드세요

1 모티브 182개를 코바늘로 떠가며 연결한다.
2 완성된 모티브는 모두 연결한 후 세로로 반 접어(가로 7개 모티브) 그림과 같이 단추를 달아 완성한다.

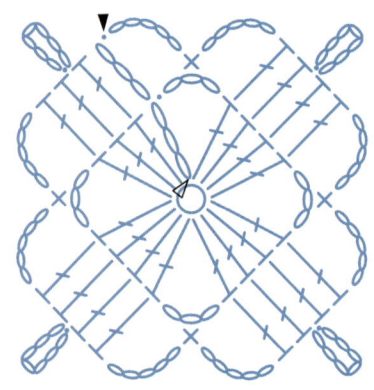

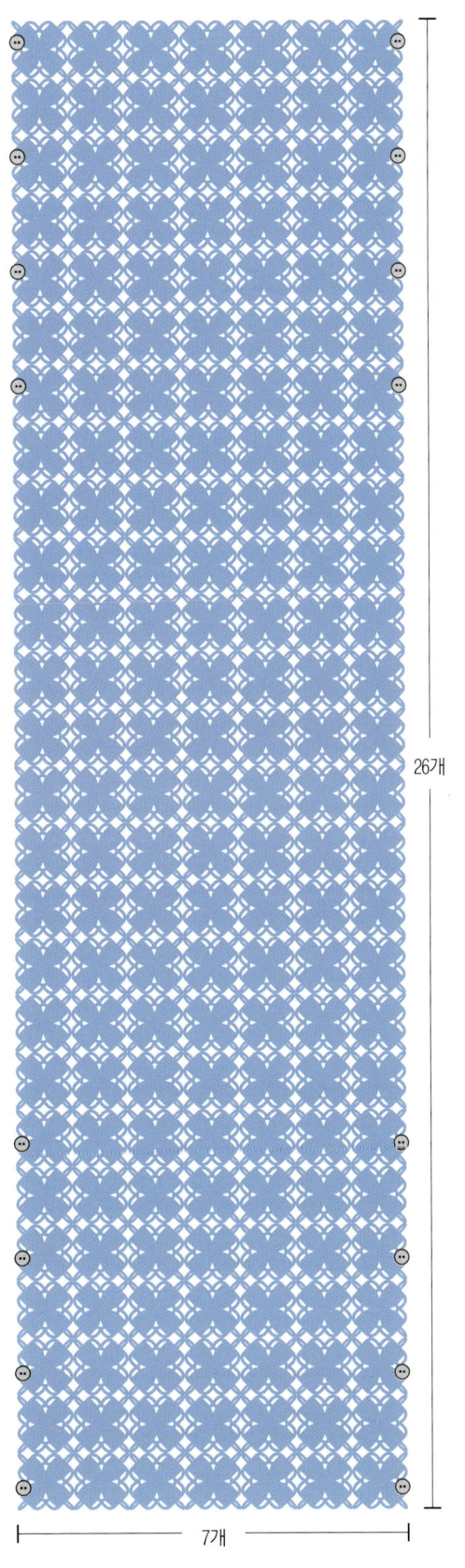

모티브 182개　　7개　　26개

베이지 꽃 모티브 숄

재료 | 진한 황토색 모사 300g, 4/0호 코바늘

이렇게 만드세요

1 모티브 276개를 코바늘로 떠가며 연결한다.
2 가장자리는 사슬뜨기(3), 빼뜨기(1)를 반복하여 1단을 뜨고, 2단은 사슬뜨기(5), 빼뜨기(1)를 반복하여 완성한다.

모티브 276개

Basic 1_
모티브 뜨기

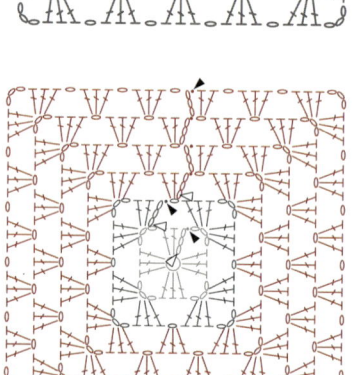

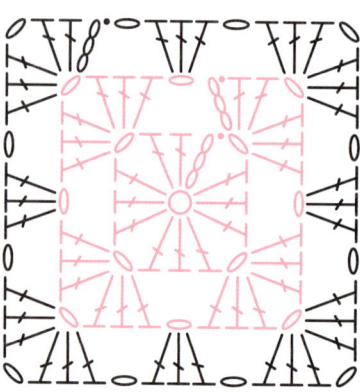

Basic 2_ 코바늘뜨기 기초

원형 코 만드는 법

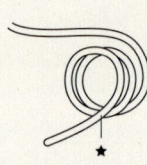
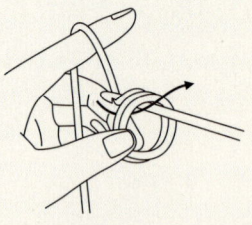
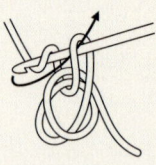

1 손가락에 실을 2번 감아 고리 모양으로 만든다. ★ 부분을 왼손의 엄지와 중지로 누른다.

2 고리 안으로 바늘을 넣고 실을 잡아 뺀다.

3 다시 한 번 바늘에 실을 걸어 빼면 고리의 첫 코가 완성된다 (단, 이 코는 콧수로 세지 않는다).

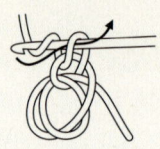
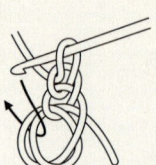
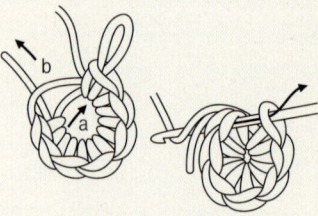

4 위로 솟아오르게 사슬을 뜬다.

5 고리에 바늘을 넣어 필요한 콧수만큼 짧은뜨기로 뜬다.

6 처음엔 a(코를 뜨는 실), 다음엔 b의 실을 잡아 당겨 고리를 단단하게 조인 뒤 첫째 코의 사슬에서 빼뜨기를 하면 한 단이 완성된다.

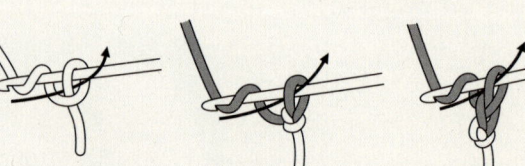
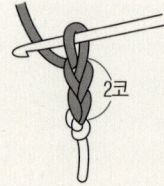

사슬뜨기

1 실을 바늘에 한 번 감고 다시 바늘에 실을 걸어 루프 사이로 잡아 뺀 뒤 실 끝을 당겨 코를 조인다.

2

3

4 사슬뜨기 2코 완성.

짧은뜨기

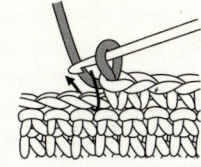 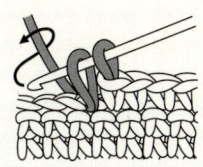 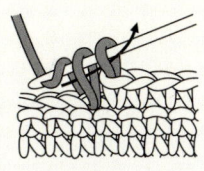 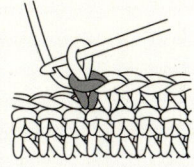

1 화살표의 코에 바늘을 넣고 실을 걸어 앞으로 잡아 뺀다.

2 화살표와 같이 바늘을 움직여 바늘에 실을 건다.

3 실을 2개의 루프 사이로 한 번에 빼낸다.

4 짧은뜨기 완성.

긴뜨기

 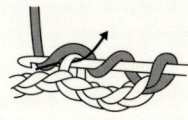 

1 기초 코에서 기둥코인 사슬 2코만큼 사슬뜨기한 뒤 바늘에 실을 걸고 기초 코의 마지막에서 두 번째 코에 바늘을 넣는다.

2 바늘에 실을 걸고 화살표 방향으로 끌어내 총 3개의 루프를 만든다.

3 3개의 루프가 완성된 모양.

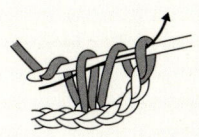 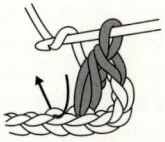

4 다시 한 번 바늘에 실을 걸어 3개의 루프 사이로 한 번에 빼낸다.

5 긴뜨기 1코 완성. 원하는 콧수만큼 바늘에 실을 걸어 1~4의 과정을 반복한다.

한길긴뜨기

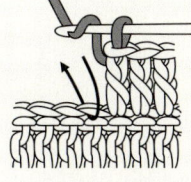 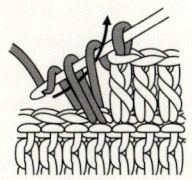 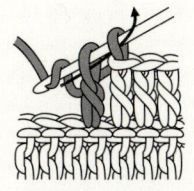 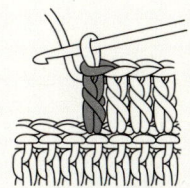

1 바늘에 실을 걸고 화살표의 코에 넣어 실을 빼낸다. 총 3개의 루프가 완성.

2 다시 바늘에 실을 걸어 2개의 루프 사이로 빼낸다.

3 다시 한 번 바늘에 실을 걸어 남은 2개의 루프 사이로 한 번에 빼낸다.

4 한길긴뜨기 완성.

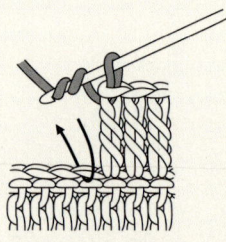 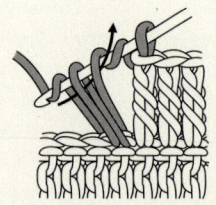 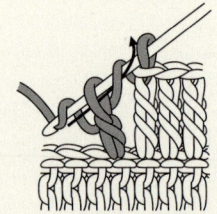

두길긴뜨기

1 바늘에 실을 2번 감아 화살표의 코에 넣고 실을 빼낸다. 총 4개의 루프가 완성.

2 다시 바늘에 실을 걸어 2개의 루프 사이로 빼낸다.

3 다시 한 번 바늘에 실을 걸어 2개의 루프 사이로 빼낸다.

 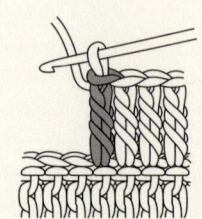

4 한 번 더 실을 걸어 남은 2개의 루프 사이로 한 번에 빼낸다.

5 두길긴뜨기 완성

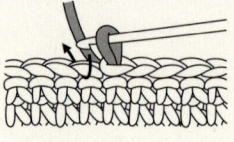 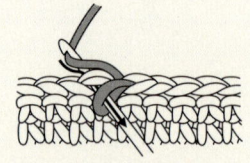 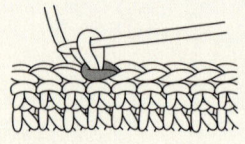

빼뜨기

1 화살표의 코에 바늘을 넣는다.

2 바늘에 실을 걸어 화살표 방향으로 한 번에 빼낸다.

3 빼뜨기 완성.

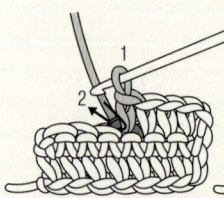

짧은뜨기 2번 1코에서 늘려뜨기

1 짧은뜨기로 1코를 뜨고 둘째 코도 역시 바늘을 같은 코에 집어넣는다.

2 사슬 2코만큼의 높이로 실을 빼낸다.

3 다시 바늘에 실을 걸고 2개의 루프 사이로 빼낸다.

4 1코가 늘어난 상태.

한길긴 3코 구슬뜨기

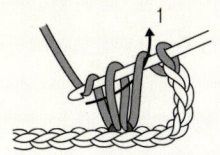
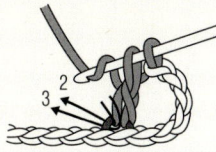

1 바늘에 실을 걸어 기초 코 혹은 앞단에 그림과 같이 바늘을 넣고 실을 빼내 총 3개의 루프를 만든다.

2 다시 바늘에 실을 걸어 2개의 루프로 사이로 빼낸다. 미완성 한길긴뜨기 상태.

3 한길긴뜨기는 미완성인 채로 두고 바늘에 실을 걸어 다시 같은 코에서 미완성 한길긴뜨기를 1코 더 뜬다.

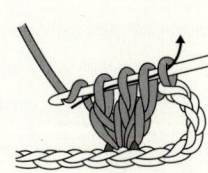
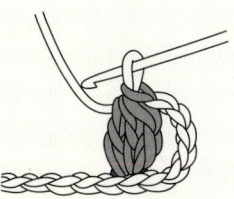

4 미완성 한길긴뜨기를 같은 코에서 3회째 뜨고 난 뒤 다시 바늘에 실을 걸어 4개의 루프 사이로 한 번에 빼낸다.

5 한길긴 3코 구슬뜨기 완성. 원하는 만큼 계속 같은 방법으로 뜬다. 두 번째 단을 뜨려면 앞단 구슬뜨기의 머리를 주워서 뜬다.

한길긴 5코 팝콘뜨기

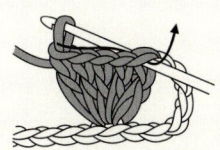

1 같은 코에서 한길긴뜨기를 5코 뜨고 바늘을 빼서 그림과 같은 위치에 다시 바늘을 넣는다.

2 바늘에 실을 걸어 화살표 방향으로 빼낸다.

3 한길긴 5코 팝콘뜨기 완성. 다시 사슬뜨기를 해서 잡아당기며 팝콘뜨기를 이어 간다.

Basic 3_ 대바늘뜨기 기초

코 막음

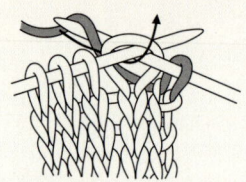 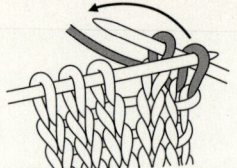 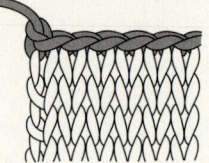

옆선 꿰매기

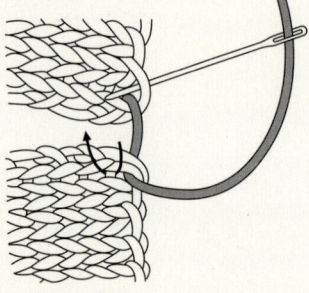 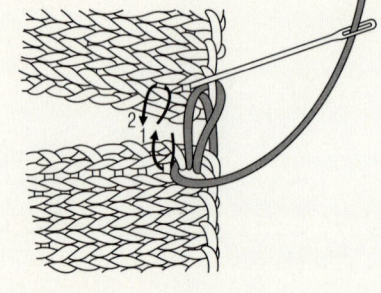

1 끝의 코와 다음 코 사이의 가로 실을 교대로 1단씩 떠올려가며 잇는다.

2 꿰맨 실이 보이지 않도록 당겨가며 꿰맨다.

코 만들기

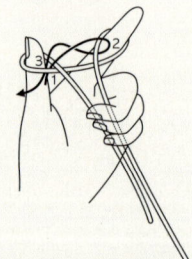 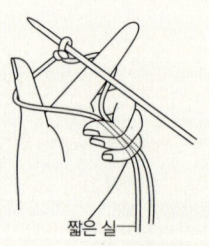 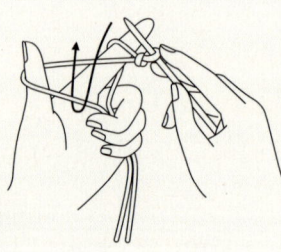

1 1에 바늘을 넣어 2에서 실을 걸고 3에서 빼낸 후 손가락을 뺀다.

2 첫 코가 완성되면 그림과 같이 다시 실을 잡는다.

3 화살표 방향대로 바늘을 넣어 실을 건다.

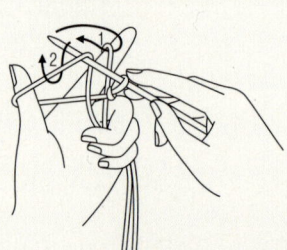 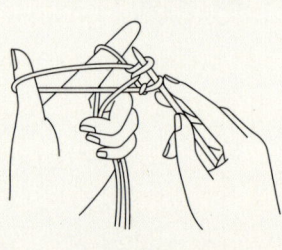 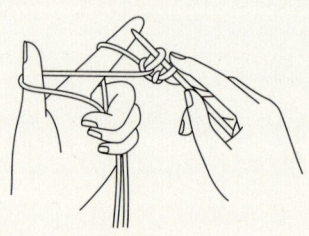

4 1에 화살표 방향대로 바늘을 넣어 실을 걸고 2의 방향으로 빠져나온다.

5 그림과 같은 상태에서 엄지를 뺀 후 짧은 쪽 실을 잡아당겨 코를 조인다.

6 코가 만들어지면 ②와 같이 실을 다시 잡고 ②~⑤를 반복하면서 원하는 코를 만든다.

오른 코 겹치기

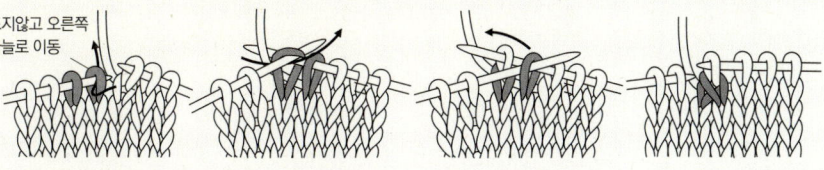

1 왼쪽 앞코에 화살표 방향으로 오른쪽 바늘을 넣어 그대로 오른쪽 바늘로 코를 이동한다.

2 다시 왼쪽 코에 바늘을 넣어서 겉뜨기한다.

3 처음 뜨지 않고 이동시킨 코에 왼쪽 바늘을 넣어 뜬 코에 덮어 씌운다.

4 오른 코 겹치기 완성.

왼 코 겹치기

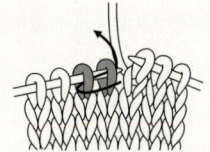 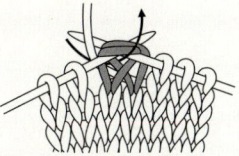 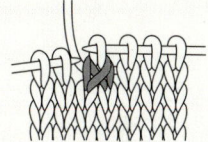

1 왼쪽 바늘의 2코에 화살표 방향으로 오른쪽 바늘을 넣는다.

2 그대로 바늘에 실을 걸어 2코를 한 번에 겉뜨기한다.

3 왼 코 겹치기 완성.

겉뜨기

 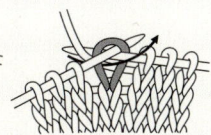 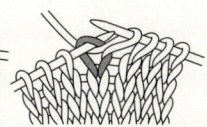 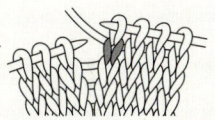

1 왼쪽 바늘에 걸려 있는 코에 오른쪽 바늘을 앞에서 뒤쪽으로 넣는다.

2 교차되어 있는 두 바늘 사이로 실은 건다.

3 실을 코 사이로 뺀다.

4 겉뜨기 완성

안뜨기

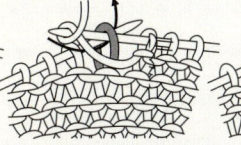  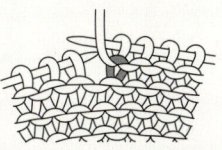

1 왼쪽 바늘에 걸려 있는 코에 오른쪽 바늘을 뒤에서 앞쪽으로 넣는다.

2 교차되어 있는 두 바늘 사이로 실은 건다.

3 실을 코 사이로 뺀다.

4 안뜨기 완성

코바늘로 뜰까? 대바늘로 뜰까?

마음에 드는 실부터 마련하자!
우선 뜨기 쉬운 모티브 골라 컵받침 하나 떠야지!

아침부터 오락가락하던 비가 다시 시작됐다.
애써준 꼬마 아가씨와 그 일행을 배웅하려고
따라나섰더니 어느새 집 앞 군데군데,
빗물 웅덩이가 생겼다. 건널까? 말까? 주춤!
내가 먼저 첨벙첨벙 빗물을 밟고 걸었다.
아니나 다를까. 금방 따라왔다.
어른들은 빼고 아이만! 고 깜찍한 녀석만!
볕 들고 비 오고, 다시 볕 들고 하더니만
마지막 뜨개 촬영은 그렇게, 빗속에서 끝났다.

"모두들 안녕! 다음에 또 놀러와요!"

집과 뜨개질

시골집 한 채 지었다
그 집에서 뜨개질을 한다

집과 뜨개질

초판 1쇄 발행 2014년 11월 20일
초판 3쇄 발행 2017년 4월 5일

지은이 | 김혜정
펴낸이 | 김우연, 계명훈
기획 · 진행 | fbook
　　　　　김수경, 김연, 박혜숙, 김진경, 최윤정
마케팅 | 함송이
경영지원 | 이보혜
디자인 | design group ALL(02-776-9862)
사진 | 한정수(etc. studio 02-3442-1907)
일러스트 | 홍수정
모델 | 김봄
의상 협찬 | 앤드비(ANDB, www.andbmall.co.kr)
교정 | 김혜정
인쇄 | 미래프린팅
펴낸 곳 | for book 서울시 마포구 공덕동 105-219 정화빌딩 3층
　　　　02-753-2700(판매) 02-335-3012(편집)
출판 등록 | 2005년 8월 5일 제 2-4209호

값 18,000원
ISBN 978-89-93418-92-7   13590

본 저작물은 for book에서 저작권자와의 계약에 따라 발행한 것이므로
본사의 허락 없이는 어떠한 형태나 수단으로도 이 책의 내용을 사용할 수 없습니다.
※ 잘못된 책은 바꾸어 드립니다.